競走馬の科学

速い馬とはこういう馬だ

ＪＲＡ競走馬総合研究所 編

ブルーバックス

カバー装幀／芦澤泰偉・児崎雅淑
もくじ・本文扉構成／工房 山﨑
本文図版／さくら工芸社

はじめに

競馬ファンだけではなく、その姿と走りの美しさから世界中の人々に愛されているサラブレッド――。

サラブレッドの起源は、三〇〇年以上昔にさかのぼります。ランニングホースと呼ばれたヨーロッパ在来馬の牝（雌）に、アラブウマの牡（雄）をかけ合わせてつくられました。その馬を血統書によって血統管理し、競馬によって選び抜いた優秀な父馬と母馬から次代をつくる方法で、長い年月をかけて改良されてきました。「人がつくりだしたもっとも美しい動物」といわれています。

私たちの日本中央競馬会（ＪＲＡ）競走馬総合研究所は、このサラブレッドに関する研究をおこなっています。

その研究の目的を一言でいえば「競走馬の未来を切り拓《ひら》く」となります。

その中身について、一般の人々向けには次のような説明をしています。

「競馬という、こんなにもエキサイティングなドラマがあるだろうか。わずか数分で終わってしまうレースに、馬も人も全力をかたむける。この日のために生まれ、鍛えられた体力と精神力。

ンスを究め、競馬の発展と競走馬の未来、そして人と馬との共存に貢献していきます」

これを専門的にいえば、「私たちは、生産から競走、そして引退してふたたび生産に返るサラブレッドのライフサイクル全般にわたる調査、研究に取り組んでいる」ということになります。妊娠、分娩《ぶんべん》、哺乳《ほにゅう》、離乳にいたるまでのサラブレッドの発育過程は、強い馬づくりの重要なキーとなります。この段階で、異常分娩、虚弱、疾病などにより競走馬への道を閉ざされるサラブレッドも少なくありません。その原因究明が、私たちに課せられた大きな課題です。

育成期には放牧や乗り運動などをおこない、競走馬としての基礎体力を築きます。子馬の段階で、骨の発育や状況を正確に把握し、その馬に適した育成を心がけることが必要です。ここにも、私たちの研究による科学的データが生かされています。

最近では、後天的に競走馬の能力をより高めるための研究にも取り組んでいます。育成・競走期におけるトレーニングやコンディショニングを、走行スピードと心拍数の関係を利用した科学的データに基づいておこなうための研究。そして馬場の安全管理はもちろん、競走馬の事故や故障などに対する予防・診断・治療法などの医療や感染症の予防などの競走馬の健康管理、また、屈腱炎《くっけんえん》などの故障後の治療やリハビリテーションメニューなどは、とくに注目を浴びている研究分野です。

さらに、競走馬としての役割を終え、種牡馬《しゅぼば》、繁殖牝馬《はんしょくひんば》として活躍する馬を、最良の状態で維持するための研究も、私たちの大切な仕事です。次の世代への強い競走馬づくりが、競馬ひいては馬文化の発展につながると考えています。

この本では、こうした研究成果の一端を紹介したいと思います。

競走馬総合研究所では、約三〇名がこれらの研究に日夜励んでいます。パリ国際競馬会議に参加している国や地域は日本を含めて五五ありますが、私たちのような競馬主催者団体が研究所を有しているケースは、たいへんめずらしいものです。

この本は、研究所の研究者が、「速い馬」をキーワードに雑誌『優駿《ゆうしゅん》』などに連載した文を加筆訂正して収録したものです。折しも二〇〇五年は、歴史的名馬と騒がれたディープインパクトが、無敗で三歳クラシック三冠達成に輝き、日本国民が競馬に興奮した一年でもありました。この本を読んだ皆さんが、サラブレッドを深く知るとともに、競馬をみる目がさらに豊かになればうれしいかぎりです。

二〇〇六年四月

日本中央競馬会競走馬総合研究所

競走馬の科学――もくじ

第4章 速く走るための健康管理——113

序章

速い馬とはこういう馬だ

史上2頭目の“無敗の三冠馬”ディープインパクト
（写真は2005年菊花賞優勝時）

速さの秘密

二〇〇五年の日本競馬界は、待ち望んでいたスーパースター、ディープインパクトの登場に沸いた一年だった。

米国産のサンデーサイレンスを父に、アイルランド産のウインドインハーヘアを母にもつ二〇〇二年三月生まれの牡馬《ぼば》（雄馬）ディープインパクトは、二〇〇四年一二月の新馬戦で初勝利を飾ってから七戦全勝で、翌年の皐月賞《さつきしょう》（二〇〇〇メートル）、東京優駿《ゆうしゅん》（日本ダービー、二四〇〇メートル）、菊花賞（三〇〇〇メートル）を勝ち抜き、史上六頭目の三冠馬に輝いた。無敗の三冠馬としては、シンボリルドルフ以来、二一年ぶり二頭目となる。

体重五〇〇キログラム前後の競走馬が多いなか、四五〇キログラム程度（菊花賞での計測は四四四キログラム）という小柄な体ながら、腰まわりにはボリューム感があり、ゴール前での末脚《すえあし》の切れで何馬身もの差をつけて勝利する姿は、競馬ファンのみならず広く社会までもにぎわすことになった。

なぜ、ディープインパクトはこれほどまでに速いのだろうか。

その秘密を探ってみよう。

人間にしろ競走馬にしろ、より速く走るためには脚（肢）の回転数（ピッチ）を上げるか、歩幅（ストライド）を伸ばすかしかない。もちろん、両方が可能になれば無敵だ。

三冠達成の菊花賞で、ゴール前一〇〇メートル地点のストライドを測ったところ、ディープインパクトの一完歩は七・五四メートル、他の出走馬は七メートル前後だった。つまり、ディープインパクトは他の競走馬の平均値よりも五〇センチメートルもストライドが大きいのである。ちなみに一完歩とは、ある肢が着地してから、再びその肢が着地するまでをいう。ストライドと同じである。

競走馬の肢は後肢が推進力、前肢が舵取《かじとり》の役割を果たす。ディープインパクトの走りをみると、反手前前肢（たとえば、右手前の場合は左前肢。手前については二九ページ参照）を伸ばして、大きなストライドを確保している。それはまた、ディープインパクトがゴール前の直線でみせる、重心の低い独特の走りをも演出しているのだろう。

柔らかな関節

一方、ディープインパクトの後肢の蹄鉄《ていてつ》は驚くほど磨耗が少ない。それは、柔らかな関節を巧みに使って路面をグリップする能力を証明しているのだろう。実際に、ディープインパクトの体は信じられないほど柔らかい。装蹄師の話によると、まるでイヌやネコのように後肢で耳（の後ろ）をかくことができるそうである。

競走馬は地上最速の歩法であるギャロップ（襲歩《しゅうほ》）を使うとき、一完歩のなかで四肢すべてが地面を離れるときがある。これをエアボーンと呼んでいる。菊花賞のゴール前一〇〇メートル地点でのエアボーン時間は〇・一二四秒だった。他の出走馬の平均は〇・一三四秒で、意外にもディープインパクトのエアボーン時間のほうが短かったが、そのときに進む距離はディープインパクトが二・六三メートルに対して他の出走馬は二・四三メートルと、二〇センチも遠くに跳んでいた。これは、ディープインパクトの走る速度が他の出走馬と比べてもっとも速かったからである。

驚異的な心肺能力

菊花賞での上がり三ハロン（ゴールまでの六〇〇メートル）のタイムは、これまでの菊花賞では最速となる三三・三秒だった。4コーナーからゴールまでを時速約六五キロメートルで走ったことになる。ディープインパクトの魅力は、この区間でみせる猛烈な追い上げにあるわけだが、すでに二四〇〇メートルを走ってもなお余るこの力はどこから出てくるのだろうか。

それは、通常の競走馬よりも強いと考えられているディープインパクトの心肺能力の高さに由来している。しかし、心肺能力という表現はあまりにも漠然としているかもしれない。

そもそも走るときに必要なエネルギーには、酸素を用いてつくられるエネルギー（有酸素性エ

三冠を制したディープインパクトの走り

ネルギー（無酸素性エネルギー）と、酸素を使わずにつくられるエネルギー）の二種類がある。有酸素性エネルギーはおもにマラソンなど強度が弱く長時間の運動に使われ、無酸素性エネルギーは強度の強い短距離走などに使われる。競走馬の場合、一ハロン（二〇〇メートル）を一五秒以内で走るには両方を使わざるをえない。

ところが、無酸素性エネルギーの量には限度がある。そうなると、瞬発力を発揮できる無酸素性エネルギーを勝負どころまで残し、途中は持続力のある有酸素性エネルギーをいかに多くつくりだせるかが勝負のカギとなる。

この有酸素性エネルギー生成のために酸素を取り込む力が心肺能力である。酸素を取り込む肺の能力、酸素を体内に送り出す心臓の能力など、血液を含め循環器系全般にかかわる能力となる。

ディープインパクトがみせる驚異的な強さの秘密は、走りを維持するエネルギー生産能力にあるといえる。スタートのつまずきや走行中のミスがあっても、それを挽回《ばんかい》できるディープインパクトのエネルギー生産能力が桁外《けたはず》れなのだ。

人馬一体の勝利

ディープインパクトに劣らない非凡な能力をもって生まれた競走馬でも、すべての競走馬が成功できるわけではない。レースはあくまでもルールに則り、それを教え、操る人間との関係で成り立っている。競走馬も生き物であり、性格も含めて、その能力がレースに適している必要がある。

ディープインパクトは他の馬より前に立とうとする性格、いわゆる闘争心が際だつ。闘争心は勝ち抜くために必要な能力なのだが、時にマイナスに転じる場合もある。また、よく指摘されるディープインパクトの賢さは、菊花賞でみせたようなゴールの勘違いを生み出すこともある。

菊花賞に出場するまで、ディープインパクトは三〇〇〇メートル以上を走ったことがないので、4コーナーからスタンド前を二回走ることを知らなかった。そのため、これまでの経験をもとに、一周目の4コーナーからスタンド前をゴール間近と思い込んでスピードを上げようとしたのである。それに対して、騎乗の武豊騎手が必死にディープインパクトをなだめ、馬群のなかに入れることで、ようやく走りを抑えることができた。

闘争心も賢さも、これらが競走馬として優れた能力であることに変わりはない。しかし、普段の世話をする厩務員《きゅうむいん》から、調教師、装蹄師、騎手に至るまで、すべての人の働きとうまくかみあって、プラス方向に伸ばせたからこそ発揮できた能力でもある。

最後に忘れてならないのが、血統である。ディープインパクトのこうした能力は父サンデーサイレンスから受け継いだものが大きい。ディープインパクトの軽やかさ、伸びやかさ、そして細身の、きりっと締まった姿は父親譲りである。

遺伝によって備わった驚異的な能力と人を含めての環境が、強い競走馬を生み出すことになるのである。ディープインパクトの競馬史上に輝く快挙が、このことを改めて教えてくれる。

第1章

速い走りとはこういう走りだ

史上初の“無敗の三冠馬”シンボリルドルフ
（写真は1984年菊花賞優勝時）

1-1 最速の歩法ギャロップ

ウォークからギャロップへ

地上最速の動物は何か？　こう問えば、すぐに、それはチーターではないか、という答えが出るだろう。確かに、チーターは時速一二〇キロメートルで走るといわれている。しかし、それは一瞬の走りにすぎない。そもそも数キロメートルも走り続けることができないのだ。

これに対して競走馬は、レースにおいて一二〇〇～三二〇〇メートルを時速六四～五九キロメートルで走ることができる（中央競馬レコードタイム参照）。レースで流しているときでも、時速五五キロメートルくらいで走っている。つまり、背中に人間を乗せ、安定持続して長距離をこれだけのスピードで走れる動物は、競走馬の他にいないのである。

そもそも脊椎《せきつい》動物は、魚から両生類《りょうせいるい》、爬虫類《はちゅうるい》、哺乳類《ほにゅうるい》へと進化の階段を上がるたびに新しい歩法を獲得してきた。馬は生まれながらにして、これらすべての歩法を身に備え、使い分けること

両生類の歩行の順序は①左後肢－②左前肢－③右後肢－④右前肢（左右は逆でも可）で、この歩法がウォークである。

図1-1　両生類の陸上歩行（ウォーク）

ができる。そして、その頂点に立つのが最速の歩法ギャロップである。脊椎動物は、どのような経過でギャロップにたどり着いたのだろうか。

まず、海中の魚をみてみよう。魚は背骨を左右に動かして、体をくねらせるようにして泳ぐ。その魚の一部のグループが陸に上がり、陸上を歩くことを始める。両生類の誕生である。

魚（両生類）たちは移動のために、最初は陸上を泳ごうとしただろう。胸びれ（やがて前肢になる）と腹びれ（やがて後肢になる）を地面に引っかけて前に進む歩き方である。これがウォーク（常歩《なみあし》）である（図1-1、次ページ図1-2a）。

ウォークで前に進もうとするとき、四肢の運びの順序は「左後肢―左前肢―右後肢―右前肢」となる（もちろん、右と左は逆でもいい）。現在でも、すべての動物がこの順序で肢《あし》を運ぶ。人間も例外ではなく、試

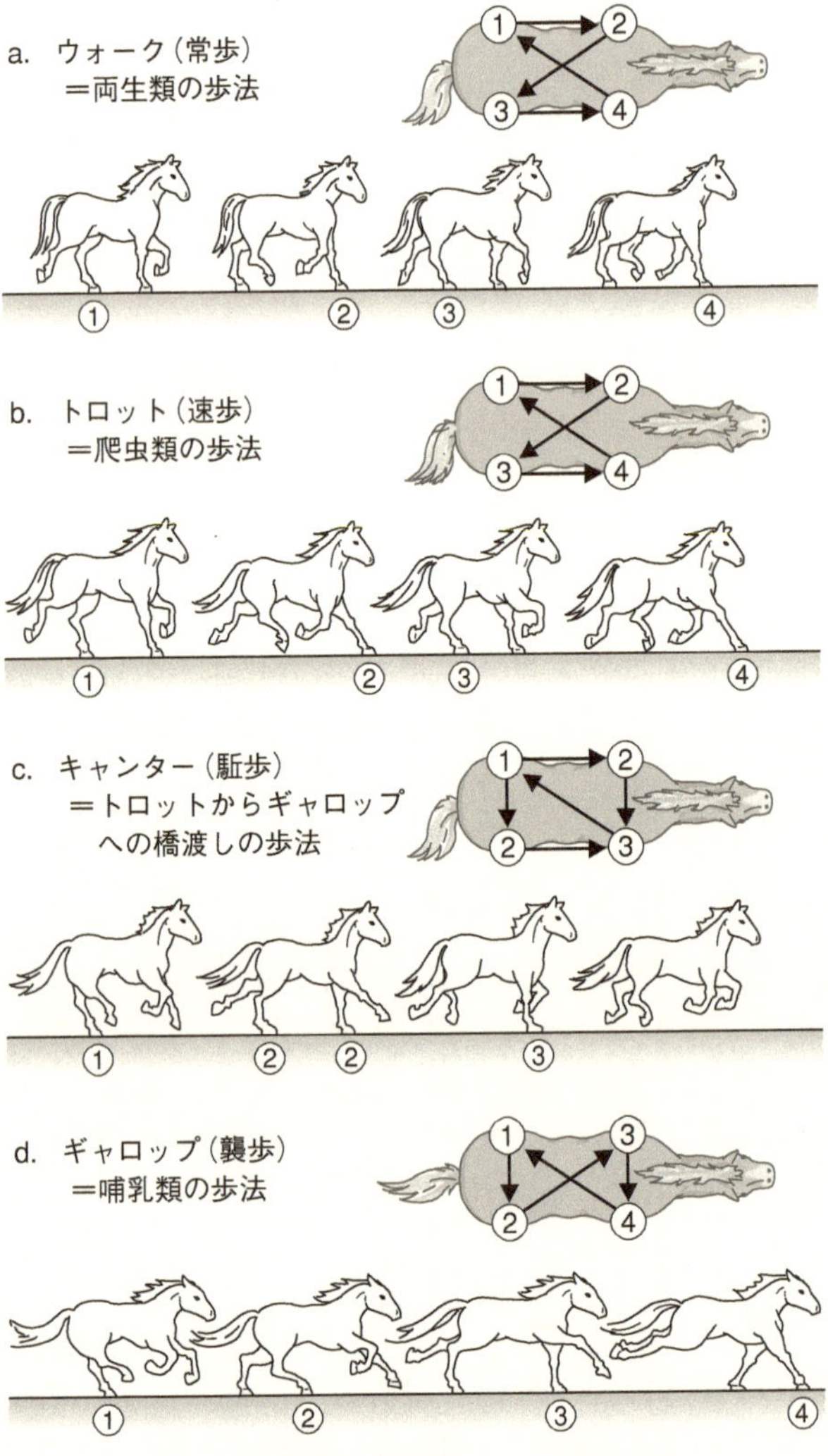

図1-2　馬の歩法と肢の運び（右手前の場合）

みに四つんばいになって移動してみれば、この順序になることが確認できる。

やがて、陸上をもっと速く移動する動物が出てきた。爬虫類の登場である。歩行能力と同時に泳ぐ能力も必要だった両生類と異なり、爬虫類は水中での生活に別れを告げ、泳ぐ能力を捨てる代わりに新たな歩法を獲得する。それがトロット（速歩《はやあし》）である（図1-2b）。

一般に、速度を上げるためには二つの方法がある。ピッチ（肢の回転の速さ）を上げるか、ストライド（歩幅）を広げるかである。図1-2aのようにウォークでは、一方の肢が着地しているうちに、もう一方の肢を前に進めるので、前肢（または後肢）の振り幅以上にはストライドが伸びない。そこでトロットでは、よりストライドが長く取れるように肢の運びに跳躍を入れることにした。

それでは、さらに速く走るためには、どんな方法があるか。その答えが、哺乳類が獲得した地上最速の歩法ギャロップ（襲歩《しゅうほ》）である。なお、キャンターについては後述する。

ギャロップとストライドの伸び

図1-2dのように、ギャロップでは肢を運ぶ順序が「左後肢―右後肢―左前肢―右前肢」となる。二本の後肢を地面に着ける間に、前肢をできるだけ遠くに運んで歩幅を広げるわけである。

図1-3で、ウォークとギャロップのストライド幅の違いを比較してみよう。ストライド幅とは、一完歩（ある肢が着地してから、再びその肢が着地するまで）の幅と同じである。図では⚠1～⚠5間の幅となる。

ウォークでは、左後肢と右後肢の蹄跡《ていせき》間の距離（＝後肢間歩幅）でストライド幅が決まる。ピッチが同じだから、後肢間歩幅と前肢間歩幅はまったく同じである。一方のギャロップでは、左後肢⚠1と右後肢⚠2のあとに右後肢⚠2と左前肢③でつくる歩幅（＝前後肢間歩幅）があり、そのあとに左前肢③と右前肢④との歩幅（＝前肢間歩幅）がくる。さらに、空中を飛んで再び左後肢⚠5が着地するまでの距離（＝エアボーン歩幅）が含まれる。ストライド幅が飛躍的に伸びたことがわかる。

つまり、歩法の進化とはストライドを伸ばすための進化なのである。哺乳類はこのギャロップを手に入れるために、体の構造を抜本的に変えることになった。前肢を遠くに送るために、まず背中を丸め、次に丸めた背中を思いきり伸ばす必要がある。そこで、哺乳類は背骨の突起物を小さくして、背中を丸めやすくしたのである。

ところが草食動物である馬は、長くて重い消化器官があるので、肉食動物ほど背中を丸めることができない。その代わりとして、馬は肢を長くする方法を選ぶ。人間は、高い所のものを取ろうとすると爪先《つまさき》立ちになり、下肢の関節を精一杯伸ばす。同じように馬はストライドを伸ばすた

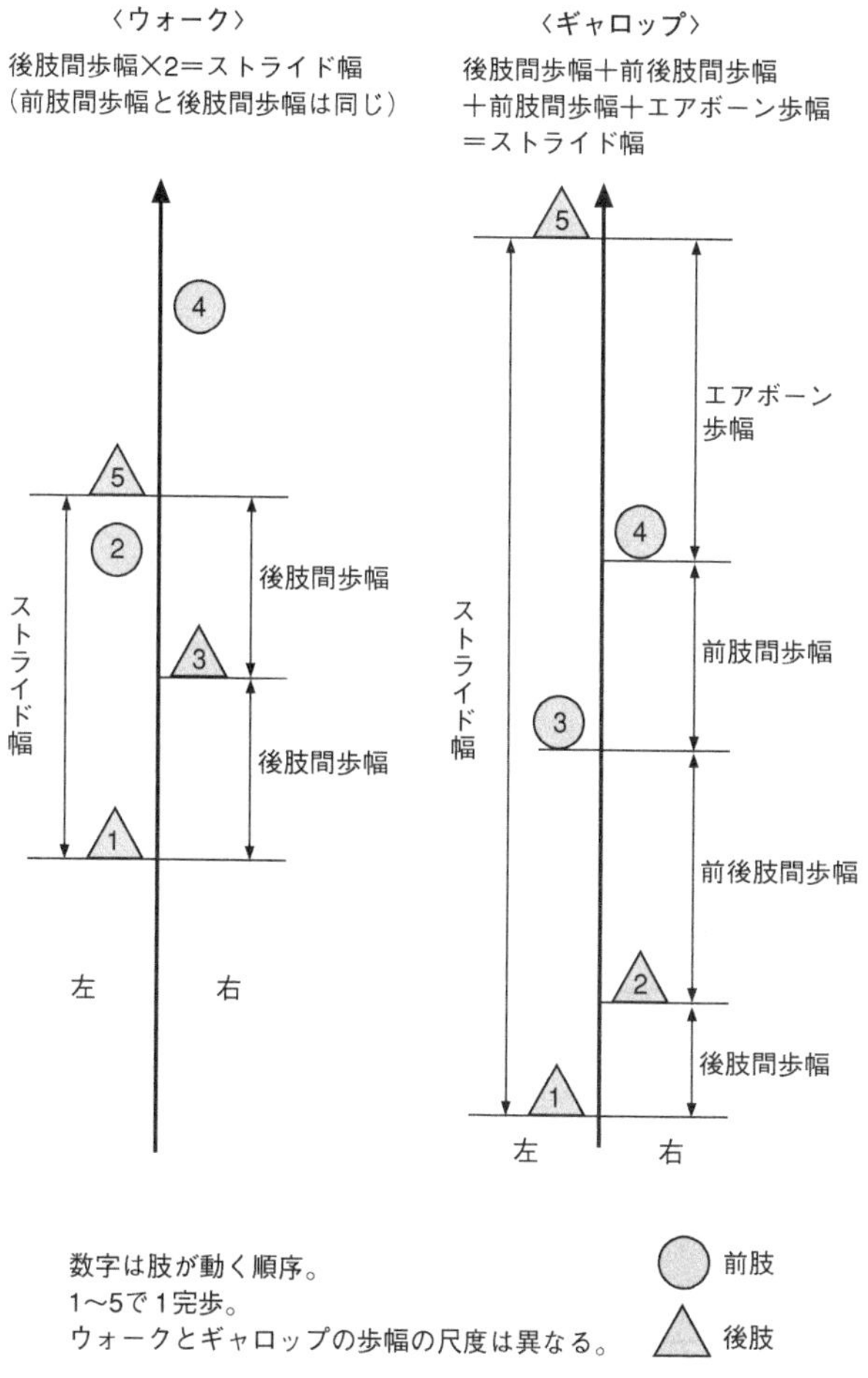

ギャロップではストライドに前後肢間歩幅とエアボーン歩幅が加わり、ウォークと比べてストライド幅が飛躍的に伸びている。

図1-3　ウォークとギャロップのストライド幅の違い

めに、前後肢とも爪先立ちになる。

やがて長い時間を経て、もっとも長い中指一本で体を支えるようになる。その結果、指先を保護するために蹄《ひづめ》ができた。

橋渡しの歩法キャンター

キャンター（駈歩《かけあし》）の肢の運びは、図1-2cのように「左後肢―左前肢と右後肢が同時―右前肢」とするのが一般的である。

しかし、よく観察すると速度の遅いキャンターでは、同時に動くようにみえる左前肢と右後肢にはわずかにズレがあり、実際は「左前肢―右後肢」の順になっている。つまり、ウォークと同じなのである。

これが少し速度が上がると、左前肢と右後肢がそろってくる。もっと速度が上がると、この順序が逆転して「右後肢―左前肢」となる。さらに速度が増すと、同時に接地する肢は二本だけとなって、ついにギャロップに移行する。つまり、キャンターとは、トロットからギャロップへの橋渡しとしての歩法と位置づけられるのである。

1-2 レースで使う七色の歩法

右手前と左手前

ギャロップは、たとえば「左後肢─右後肢─左前肢─右前肢」という順序になる。もちろん左右を入れ替えて「右後肢─左後肢─右前肢─左前肢」という順序で走ることもできる。前者を右手前、後者を左手前という。

競走馬は右手前と左手前を必要に応じて使い分けて走っている。右手前で走っていた競走馬が左手前に替えること（もしくは、その逆）を「手前を替える」という。では、なぜ競走馬は手前を替えるのだろう。

これを理解するまえに、競走馬が走るときの四肢の役割を説明しよう。その役割をおおまかに分けると、後肢が「推進力」、前肢が「舵取《かじとり》」となる。競走馬は、いわば後輪駆動車なのである。前肢に推進力がまったくないわけではないが、その多くは後肢が担っている。

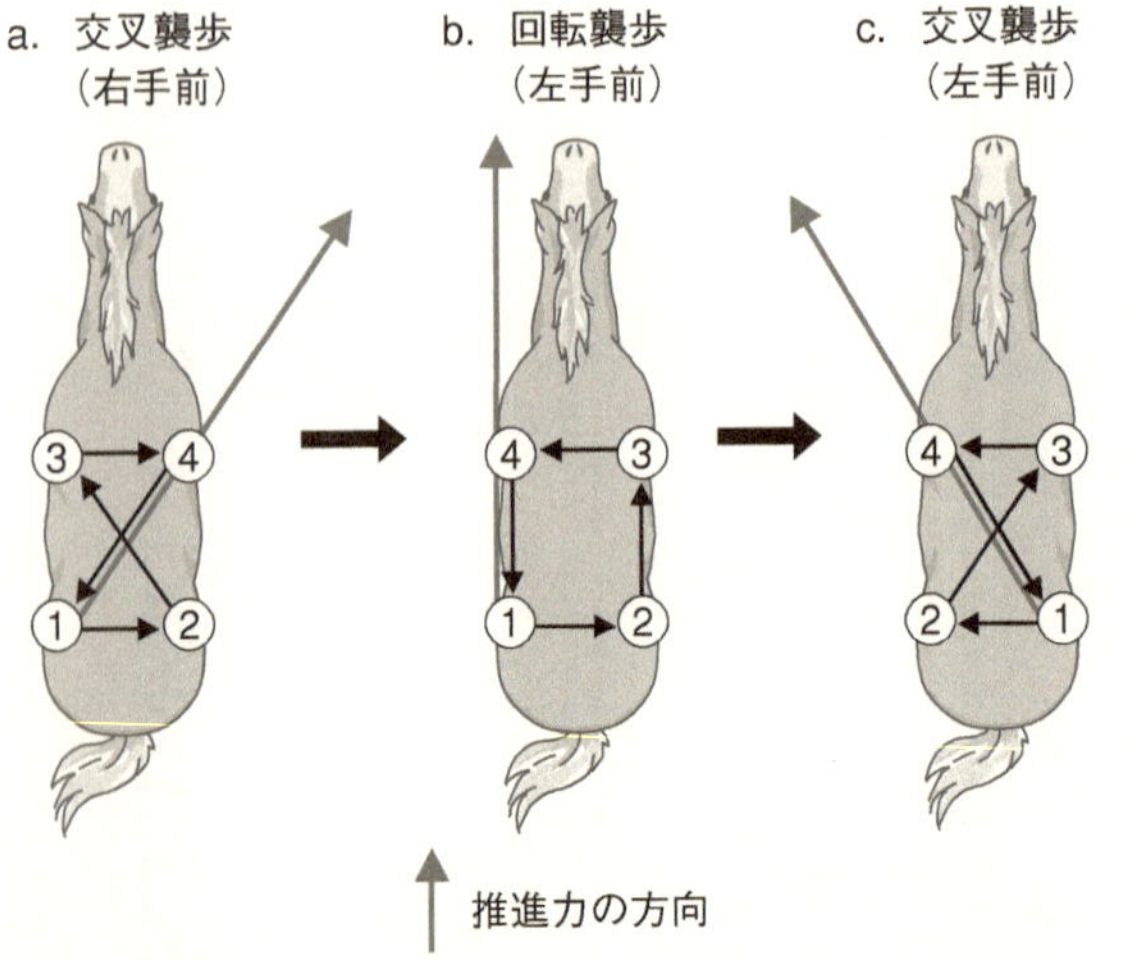

「手前を替える」とは推進力の方向を変更することを意味する。
右手前から左手前に切り替えるときには回転襲歩が１完歩入る。

図1-4　右手前から左手前への切り替え

後肢のうち、より大きな推進力を生み出すのは、最初の一歩にあたる左後肢となる（右手前の場合、以下同じ）。また、舵取の最終的な役割は、最後に着地する右前肢が果たす。右前肢が地面から離れたあとは、どの肢も地面に着いていないので、いわば宙に浮いた状態（エアボーン）になる。

つまり、右手前で走っているときの競走馬には、左後肢から右前肢に向かう方向に推進力が働いていることになる（図1-4a）。極端にいえば、このとき競走馬は右斜め前方に向かって走っているのである。

右コーナーは、右手前ではきわめてスムーズに回ることができる。しか

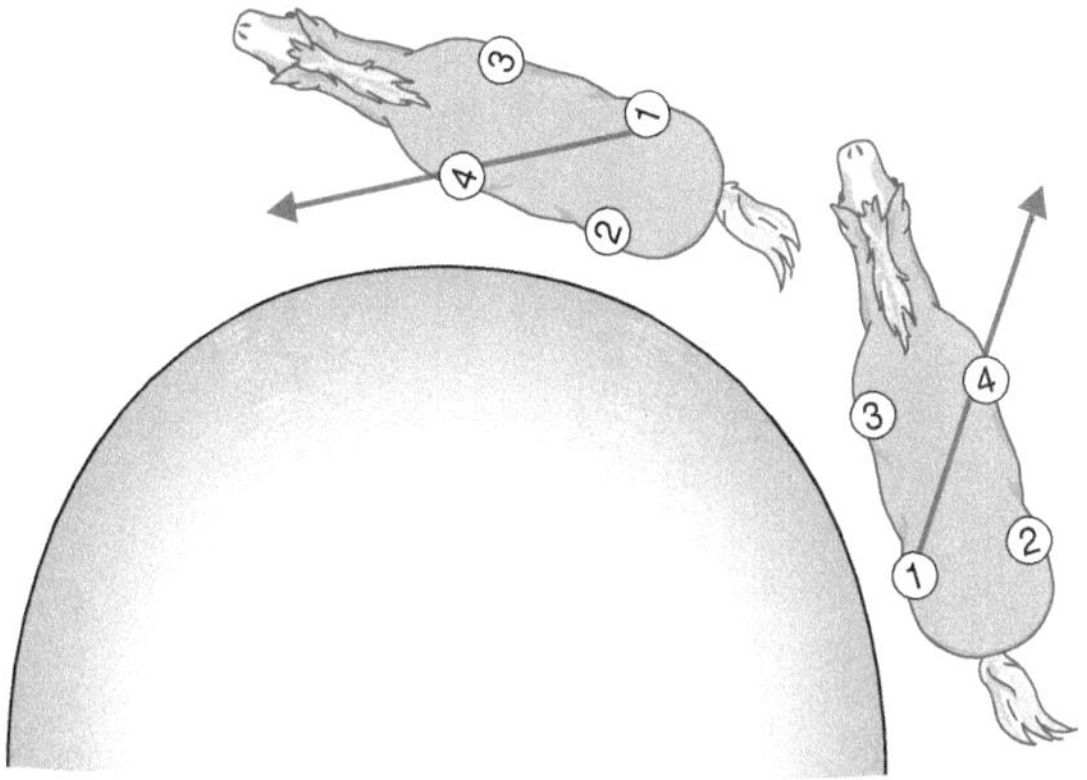

右手前で左回りのコーナーを回ると馬体の推進力の方向が逆になるため、競走馬はコーナーを回る前に左手前に切り替える。

図1-5　左コーナーにおける右手前から左手前への切り替え

し、この状態で左回りのコーナーを回るのは、非常にむずかしくなる。馬体の推進力の方向と、回るべき方向が反対になるからである。そこで、左回りのコーナーへ突入すると、右から左へと手前を替える（図１-５）。

ところが、コーナーを回り終えると競走馬は再び手前を替える。

それはなぜだろうか。たとえば、左コーナーを左手前で走っているあいだ、推進力の多くを右後肢が、また舵取の役目を左前肢が担っているため、二本の肢には大きな負担がかかっている。そこで、コーナーを曲がり終えると右手前に替えるのである。左右の肢の役割を切り替えて、疲れの偏りを調整するのだろう。

このように競走馬はレース中に、何度か手

前を替えながら走っている。目的に応じてだけでなく、特定の肢にかかる負担を軽減するためにも、競走馬はある程度の距離を走ったところで、反対の手前に替えることを繰り返しているのである。

イヌのギャロップ、チーターのギャロップ

直線を走行中のときに手前を替える場合は、一気に替えることはしない。その理由は、安全対策である。手前を一気に替えると、進行方向に対して馬体の向きが変わり、ねじれの力が働いて危険だからである。

危険を避けるため、実際には一完歩で手前を替える。まず、前肢の左右の順序を替える。たとえば右手前から左手前に替えるなら、「左後肢→右後肢→左前肢→右前肢」の状態から前肢を入れ替えて「左後肢→右後肢→右前肢→左前肢」（図1-4b）とする。図1-4aやcは四肢の動く順に線を引くと線が交叉《こうさ》するのに対して、図1-4bは線が四肢を一周する。前者の走り方を交叉襲歩、後者のそれを回転襲歩と呼んでいるが、競走馬が手前を替えるときには一完歩だけ回転襲歩を使う。

競走馬が回転襲歩で走るのは、他にはスタート直後の数完歩だけだが、つねに回転襲歩で走っているのがイヌやシカである。つまり、回転襲歩は「イヌ（シカ）のギャロップ」といえるので

ある。

では、なぜイヌやシカは回転襲歩で走り、馬は交叉襲歩で走るのだろうか。四肢の役割から考えてみよう。

図1-4bのように、回転襲歩（左手前）では、推進力となるのは左後肢で、舵取をするのは最後に着地する左前肢となる。この場合、推進力の方向は前方になる。回転襲歩は体をまっすぐに保って走れるわけである。

イヌのような捕食動物では獲物を捕らえるために、正確にねらいをつけ、距離を測って襲いかからなければならない。必要とされるのは、両目で獲物をとらえることができる、まっすぐな走り方である。それが回転襲歩なのである。

一方、シカは草食動物だが、森林に暮らすので、樹木を避けながら大きく跳躍して走らなければならない。そのため距離感が大切なので、やはり回転襲歩が向いているのである。

それに対して交叉襲歩は、推進力の作用線が体の重心の真下を通るため、安定性が高く疲れにくい。草原に暮らす馬は捕食者から逃げればよいので、距離感はさほど問題にならない。逃げ切るために疲れないことのほうが大切となる。

さらに、競走馬は「イヌのギャロップ」だけでなく、「チーターのギャロップ」も使う。チーターのギャロップとは、より大きい推進力をつけるために、両方の後肢を同時に踏み切る走り方である。正式には「ハーフバウンド」と呼ばれるこの歩法を、競走馬はレースのスタートの瞬間から数歩の間だけ使っている。

レースの推移と歩法の使い分け

競走馬が使うこれらの歩法を、レースの流れに沿ってみてみよう。

スタートの瞬間、競走馬は両方の後肢を同時に踏み切ってゲートを飛び出す（「チーターのギャロップ」）。その後の数完歩を回転襲歩（「イヌのギャロップ」）で走り、スピードに乗ったところで交叉襲歩に移る。そして、コーナーや直線で手前を替えるときに回転襲歩を織り交ぜながら、ゴールに向かう。

これをレースの前後まで拡大すれば、ゲートインの直前は両生類が開発したウォークで周回し、レース中は哺乳類が生み出した究極の歩法（交叉襲歩と回転襲歩）を巧みに使い分けて疾走する。さらにゴール後のウイニングランは、爬虫類が生み出したトロットで観客の歓声に応えることになる。

何気なく目の前を通り過ぎる競走馬も、この「七色の歩法」とも呼べる走りのテクニックを駆使してレースを支えているのである。

1-3 レースにおけるペース配分

走るためのエネルギー

序章で触れたように、菊花賞でディープインパクトに騎乗した武豊騎手はレース前半、先頭に立とうとするディープインパクトを抑えるため、あえて馬群のなかに入れたという。レース終盤のスタミナを残すようにペース配分したのだ。

つまりペース配分とは、見方を変えると「レースにおけるエネルギーの使い方」である。そこでペース配分とは何かを理解するためには、まずエネルギーの基本を知る必要がある。

前述のようにエネルギーには、大きく分けてエネルギーをつくるときに酸素を用いない「無酸素性エネルギー」と酸素を用いる「有酸素性エネルギー」がある。有酸素性エネルギーは走りの持続力を維持し、無酸素性エネルギーは瞬発力を発揮する。レース中の競走馬は、この二つのエネルギーを生成、消費しながら走っているのだが、運動の基本となるのは有酸素性エネルギーで、それだけでは賄いきれない分を無酸素性エネルギーで補って走っている。

ペース配分には、無酸素性エネルギーをいつ、どれだけ使うかが重要になる。無酸素性エネルギーには限りがあるので、ゴール前や向正面《むこうじょうめん》など、状況に応じて使い分けることが、ペース配分そのものということになる。

限りある無酸素性エネルギー

無酸素性エネルギーには、ＡＴＰ－ＣＰ（アデノシン三リン酸－クレアチンリン酸）系と乳酸系の二種類がある。ＡＴＰ－ＣＰ系はあらかじめ筋肉に蓄えられているグリコーゲンからエネルギーを得るのですぐに使えるが、その量は限られている。そこで、乳酸系が多く使われることになる。

乳酸系は、エネルギーをつくりだすときに乳酸を出すことから、そう呼ばれているが、この乳酸はエネルギー源物質である一方、疲労とも関連する物質である。この乳酸がたまった状態が、いわゆる「バテた」状態で、レースの前半で乳酸が多くできるようなペースで走ると、肢はピタリと止まってしまう。

図1-6は、サラブレッドの血中乳酸とスピードの関係である。競走馬では一ハロン一五秒あたりで、血中乳酸値が四ミリモル／リットル（一リットル当たり四ミリモル）になることがわか

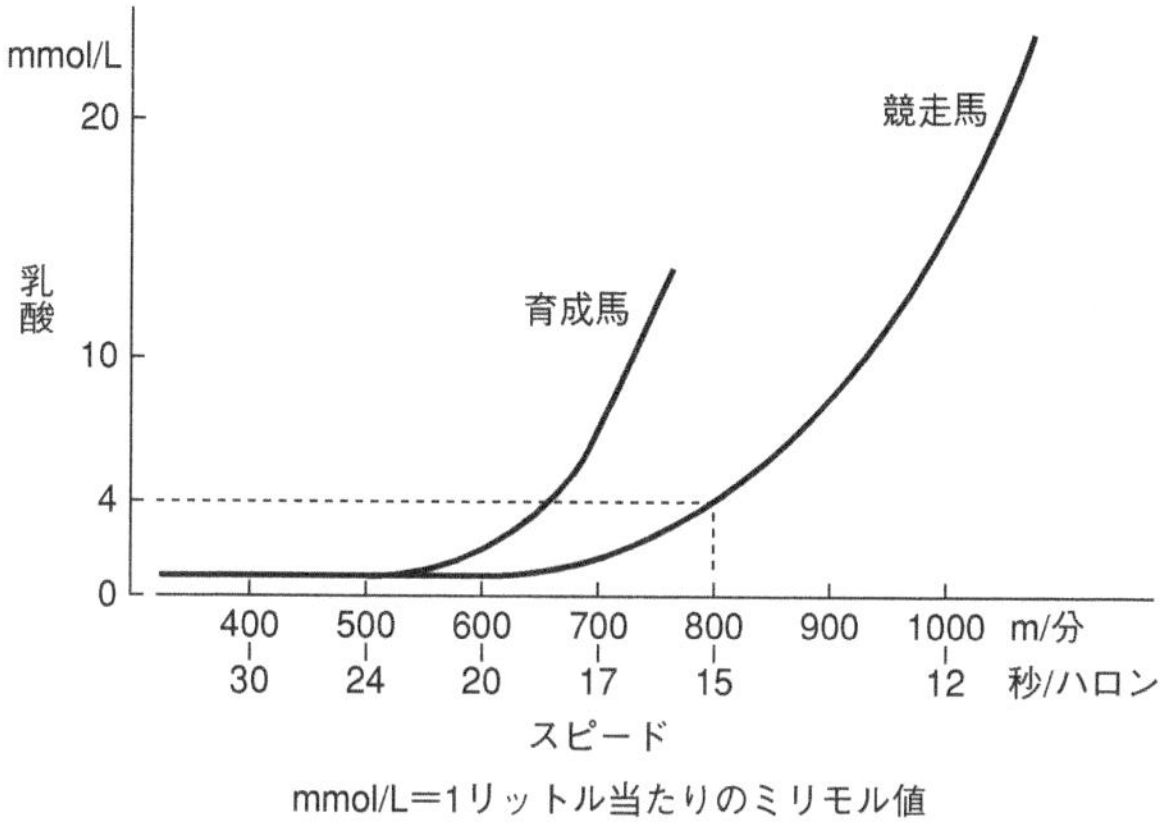

競走馬は1ハロン15秒あたりで血中乳酸値が4 mmol/Lになる。トレーニングを積んでいない育成馬と比べて、限りある無酸素性エネルギーを長く温存できる。

図1-6　平均的体力の競走馬の血中乳酸とスピードとの関係

る（ちなみに、一ハロンは正しくは八分の一マイル＝約二〇一メートルだが、日本では二〇〇メートルを一ハロンと呼んで、競走馬の速度を測る基準としている）。

四ミリモル／リットルという数値は、競走馬に限らずスポーツ全般で無酸素性エネルギーが動員されていることを示す指標とされている。

競走馬では、ハロン一三〜一四秒あたりで有酸素性エネルギーの生成能力が最大に達し、それよりも速いスピードでは無酸素性エネルギーも動員されることになる。実際のレースではハロン一五秒よりも速く走っているので、有酸素性エネルギーに加えて、無酸素性エネルギーがつねに動員されていると思われる。

上手なペース配分をエネルギーの観点から結論づければ、限りある無酸素性エネルギーをレース終盤までいかに温存し、体内に乳酸をためすぎないように走るか、ということになる。

ペース配分とエネルギー消費

図1-7は、ジャパンカップ（東京競馬場二四〇〇メートル）におけるペース配分である。一九八九年にコースレコードを出して優勝したホーリックス、八三年に逃げたハギノカムイオー、そして八四年に追い込んだミスターシービーを比較している。ペース配分に違いはあっても、二ハロン目がもっとも速く、三ハロン目からやや落ち着くのは共通している。

では、ジャパンカップで競走馬はどのようにエネルギーを使って走っているのか解説してみよう。

〈スタートダッシュ〉

スタート直後は加速のために膨大なエネルギーが必要となり、まずATP－CP系のエネルギーが利用される。しかし、これは全力疾走すると数秒でなくなるので、続いて乳酸系のエネルギーが動員される。有酸素性エネルギーもすぐに使われるが、フルに動員されるまでには少し（一〇～二〇秒）時間がかかる。

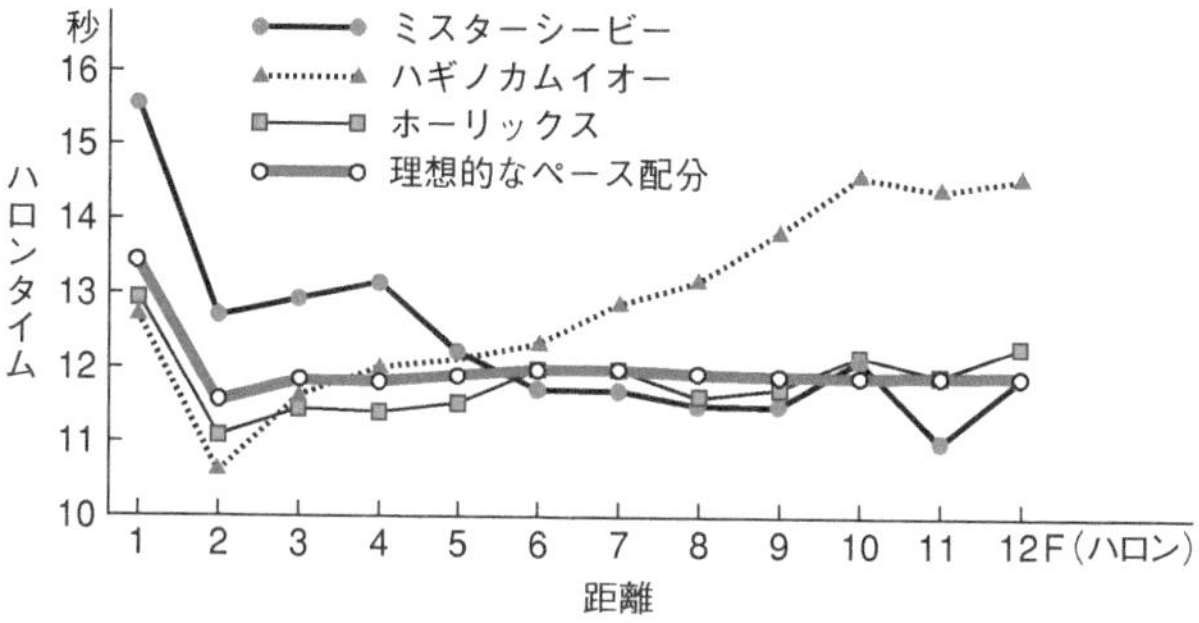

前半やや速く、後半やや遅く走ってコースレコードを出したホーリックスに対して、ハギノカムイオーは前半を速いペースで走って逃げきり、ミスターシービーは後半を速く走り、追い込んで優勝している。

図1-7　ジャパンカップのペース配分

〈1〜2コーナー〉（四〇〇〜八〇〇メートル＝二〜四ハロン）

有酸素性エネルギーの供給はほぼ最大に達するが、これに加えて無酸素性エネルギーを消費しながら走る。

〈向正面〉（八〇〇〜一四〇〇メートル＝四〜七ハロン）

酸素を筋肉に多く運べる競走馬ほど、ここで無酸素性エネルギーを温存することができる。また、このあたりでの加速、減速はエネルギーのロスが大きいので避けたほうがいい。

〈3〜4コーナーから直線に向けて〉（一四〇〇〜二〇〇〇メートル＝七〜一〇ハロン）

勝負どころのこのあたりでは、各馬が一団となってコーナーを回り、直線では横一列の攻防が展開される。ファンにとっては、さあここからと力が入るところだが、エネルギー消費からみると、この時点でほぼ勝負がついているといっても過言ではない。無酸素性エネルギーを温存できている競走馬はゴール前で伸びるが、それを使い果たした競走馬はバタバタになる。

〈ゴール前〉（二〇〇〇〜二四〇〇メートル＝一〇〜一二ハロン）

道中のペースの速い競馬では、多くの競走馬が無酸素性エネルギーをたくさん消費しているので上がりのタイムは遅くなり、逆にペースの遅い競馬では上がりが速くなる。ただし、上がりが速くなるといっても、二ハロン目のようなハロン一〇秒台前半のスピードで走るのは難しく、せいぜいハロン一一秒、上がり三ハロンで三三秒台のタイムしか出すことができない。

〈ゴール〉

ゴールとともに無酸素性エネルギーを使い果たすペース配分が、理論的には理想といえる。しかし、実際のレースでそれを察知することはできない。騎手は道中、あるいは4コーナーを回ったところで、競走馬の手応えを感じていると思われるが、じつはその時点でエネルギー消費面では勝負がついており、手応えがどうであれ、追うしかないのである。

以上をもとに、改めて図1-7をみると、ハギノカムイオーは前半で無酸素性エネルギーを使いすぎており、逆にミスターシービーは前半が遅すぎたといえるだろう。それに対して、コースレコードを出したホーリックスはほぼ理想的なペース配分で走っていたことがわかる。

理想的なペース配分

ペース配分のパターンを考えると、おおむね図1-8のような三パターンに分けることができる。

A型は、前半、後半ともにまったく同じスピードで走るパターンで、その場合エネルギー消費量は後半高くなると考えられる。

B型は前半がやや速く、後半はやや遅くなるパターンで、エネルギー消費量はほぼ一定になると考えられる。

C型は、前半は遅く、後半は速く走るパターンで、エネルギー消費量はうなぎ上りに増えると考えられる。

実際のレースでは、相手があり、また駆け引きもありで、レー

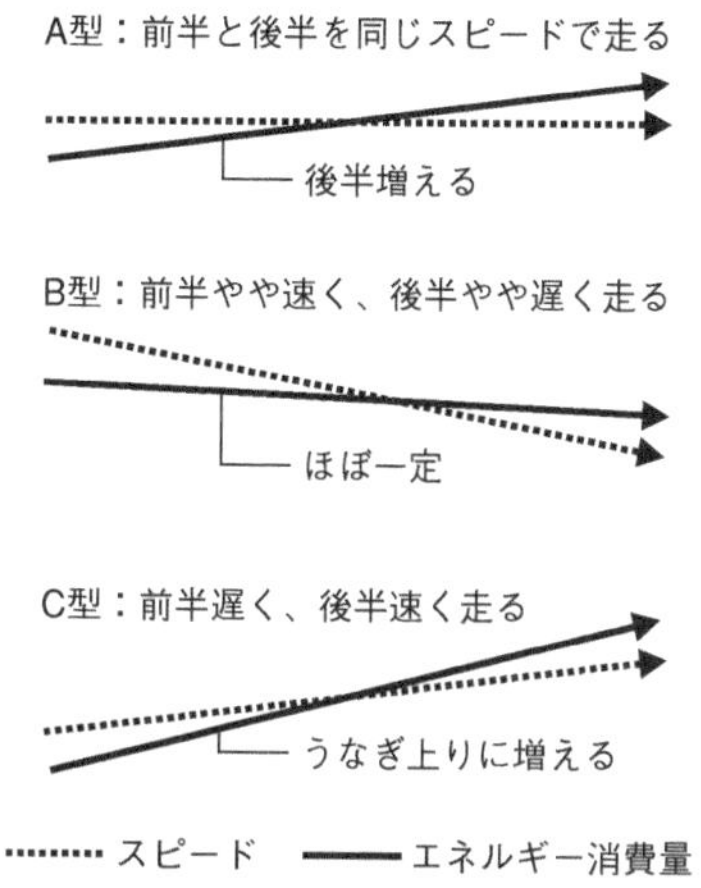

ホーリックスがジャパンカップでコースレコードを出したペース配分（B型）は、エネルギー消費量がほぼ一定になる。

図1-8　ペース配分とエネルギー消費量

スの展開は複雑である。しかも、有酸素性エネルギー、無酸素性エネルギーともに、その大きさは個々の競走馬によって異なる。しかし、エネルギー配分からみるかぎりは、エネルギー消費が一定になるB型のペース配分が望ましいと考えられる。

第2章

速い馬はこういう体だ

怪物二世と呼ばれた顕彰馬オグリキャップ
(写真は1990年安田記念優勝時)

2-1 スプリンターとステイヤー

競馬は人間の中距離走

第1章でもふれたように、運動のためのエネルギーとして動物は無酸素性エネルギーと有酸素性エネルギーの二種類を使う。

無酸素性エネルギーを中心に使う人間の競技としては、一〇秒前後のタイムを競う一〇〇メートル走がある。一〇〇〇メートル以上の競走では当然、有酸素運動が主となる。

競走馬は一六〇〇メートルのレースで、有酸素性エネルギーを七〇パーセント、無酸素性エネルギーを三〇パーセント使っている。距離がさらに延びて三二〇〇メートルになると、その割合が九〇パーセント対一〇パーセントと有酸素性エネルギーの割合がずっと増える。

こうした走りにおけるエネルギー負担の割合を人間と比較すると、競走馬の一〇〇〇~三六〇〇メートルという距離は、競技としてはないが人間の五〇〇〇~一五〇〇〇メートル走に相当する。

写真2-1　スプリンター（サイレントウィットネス）

つまり、競走馬は陸上競技でもっとも過酷といわれる中距離を走っていることになる。

スプリンターかステイヤーか

人間に得意な距離があるように、競走馬にも短距離が得意な馬（スプリンター）、長距離が得意な馬（ステイヤー）、そしてその中間の距離が得意な馬（マイラー）がいることが知られている。

二〇〇五年、日本競馬に初登場した香港のサイレントウィットネス（写真2-1）が、それを象徴する成績を残したのは記憶に新しい。

スプリンターとして世界ランキング一位を誇るサイレントウィットネスが、日本で最初に出場したレースは安田記念（一六〇〇メートル）だったが、結果は三着に終わってしまった。しかし、次に出場したスプリンターズステークス（一二〇〇

写真2-2　ステイヤー（ライスシャワー）

写真2-3
マイラー（アグネスデジタル）

メートル）ではみごと優勝。サイレントウィットネスはこれで二〇戦一八勝となったが、その二敗はともに一六〇〇メートルである。一四〇〇メートル以下は一八戦無敗を誇っている。つまり、典型的なスプリンターであることを証明したといえる。

また典型的なステイヤーとしては、一九八九年秋と九〇年春の天皇賞で優勝したスーパークリーク、九一年と九二年の天皇賞（ともに春）で優勝したメジロマックイーン、そして九三年と九五年の天皇賞（ともに春）で優勝したライスシャワー（写真2-2）などが挙げられるだろう。

スプリンターとステイヤーの中間のタイプが、一六〇〇メートル程度の距離を得意とするマイラーで、安田記念とマイルチャンピオンシップ（一六〇〇メートル）のタイムレコードをもつアグネスデジタル（写真2-3）が代表的なマイラーといえるだろう。

筋線維の違い

筋肉は、筋線維《きんせんい》を束ねたものからできている。筋線維とは直径〇・一ミリメートル前後、長さは最大三〇センチメートルもある細長い線維状の細胞である。筋線維には三つのタイプがあり、一般にタイプⅠ線維を遅筋線維、タイプⅡ線維を速筋線維と呼んでいる。次ページ表2-1にみるように、遅筋線維は収縮速度が遅く疲労しにくいのに対して、速筋線維は収縮速度が速いが、疲労が中程度（タイプⅡａ線維）のものと、疲労しやすいもの（タイプⅡｂ線維）の二つに分か

	タイプⅠ線維	タイプⅡa線維	タイプⅡb線維
収縮速度	遅い	速い	非常に速い
酸化能	高い	高〜中等度	中等度〜低い
中性脂肪貯備	高い	中等度	低い
解糖能	低い	高い	高い
グリコーゲン貯備	中等度	高い	高い
疲労性	低い	中等度	中等度〜高い
直径	小さい	中等度	大きい
毛細血管密度	高い	中等度	低い

タイプⅠ＝遅筋線維　タイプⅡ＝速筋線維

表2-1　馬の骨格筋線維の特性

れる。

じつは、人間の場合、短距離選手と長距離選手では遅筋線維と速筋線維の割合に差があることがわかっている。過去にマラソン選手を調べたところ、遅筋線維が八〇パーセント、速筋線維が二〇パーセントという結果が出た。一般人の遅筋線維が五八パーセントということからみると、収縮速度は遅いが疲労しにくい遅筋線維の割合が、長距離走者にはいかに多いかがわかる。そこで短距離走者も調べてみると、逆に収縮速度が速いが比較的疲労しやすい速筋線維が七〇〜八〇パーセントと多かった。

一方、もともと競走馬の遅筋線維は八〜二八パーセントと少ないので、競走馬の筋肉は人間の短距離走者に近い。そのなかでも、遅筋線維の割合が多いのがステイヤー向き、少ないのがスプリンター向きといえるかというと、そこまではいえないようだ。競走馬のレースは一分から三分半までの運動なので、筋線維タイプが異なるほどタイプの違う運動ではないからだろう。ただし、競走馬もトレーニングをすると、同じ速筋線維であるタイプⅡb線維がタイプⅡa線維に変化していく。トレーニング次第で、収縮が速くて疲労しにくい筋肉は増えるのである。

2-2 競走馬の骨格

骨格の特徴

自動車が目的によってさまざまにつくりだされたように、馬も目的によっていろいろと改良されてきた。スピードを競う点で競走馬はさしずめレーシングカーにあたる。

そこで、まず骨格と体の特徴的な構造をみてみよう。

競走馬の骨格は、頭骨三二個、頸椎《けいつい》や胸椎《きょうつい》、腰椎《ようつい》、仙骨《せんこつ》、尾椎《びつい》からなる脊椎《せきつい》五一～五四個、胸骨一個、肋骨《ろっこつ》三六個、寛骨《かんこつ》六個、前肢《ぜんし》四二個、後肢四二個の二一〇～二一三個の骨から形づくられている（次ページ図２-１）。

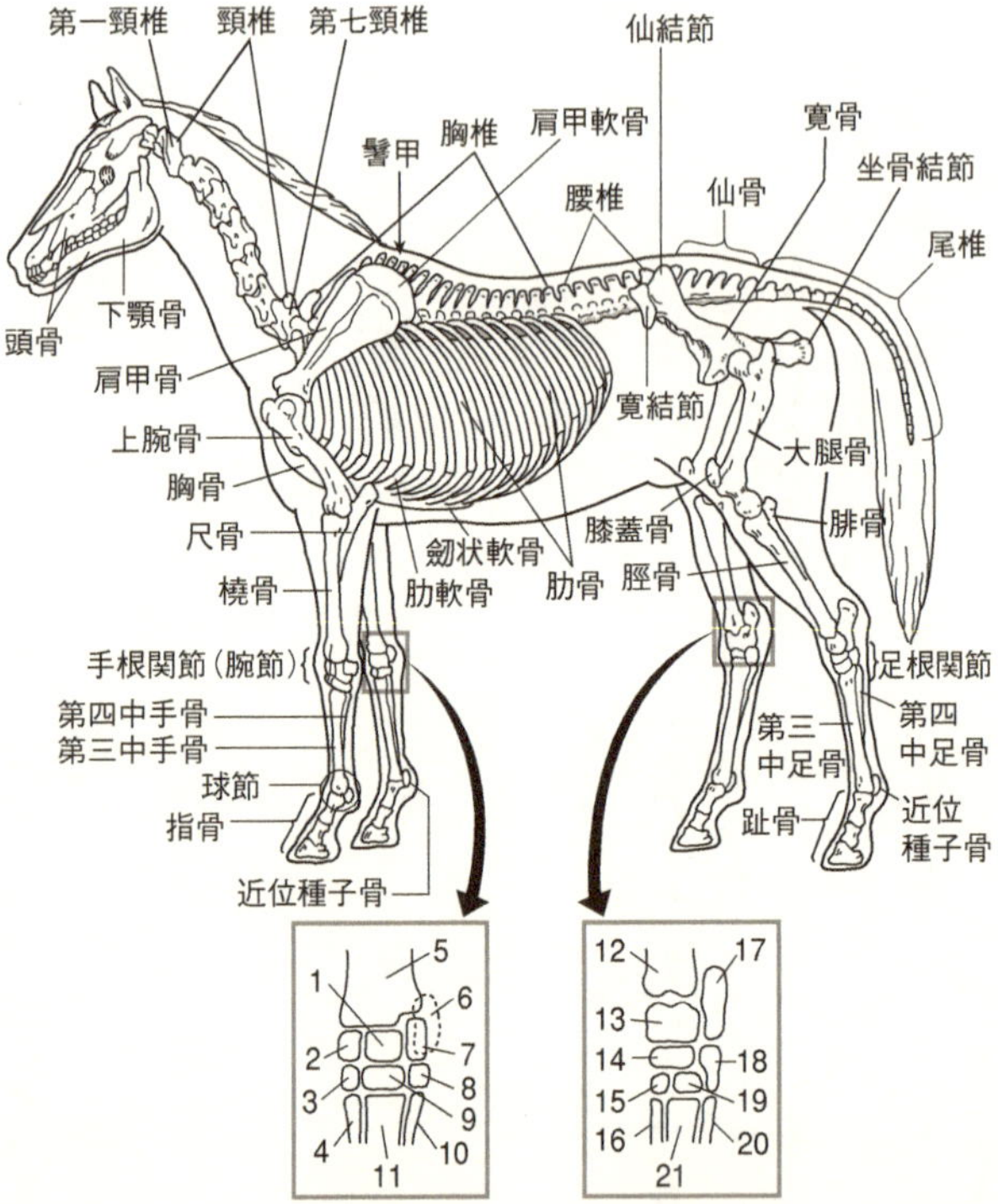

1 中間手根骨
2 橈側手根骨
3 第二手根骨
4 第二中手骨
5 橈骨
6 副手根骨
7 尺側手根骨
8 第四手根骨
9 第三手根骨
10 第四中手骨
11 第三中手骨

12 脛骨
13 距骨
14 中心足根骨
15 第一、第二足根骨
16 第二中足骨
17 踵骨
18 第四足根骨
19 第三足根骨
20 第四中足骨
21 第三中足骨

関節の拡大図は右側肢の掌側面（後方→前方）からみた模式図。

図2-1　骨格を形成する骨と名称

骨の外形からは、大腿骨《だいたいこつ》や上腕骨などの長管骨、種子骨《しゅしこつ》や手根骨《しゅこんこつ》などの短骨、そして肩甲骨《けんこうこつ》や肋骨などの扁平骨《へんぺいこつ》に分類される。これらの骨は、靭帯《じんたい》、軟骨あるいは関節などによって連結されて骨格を形成している。

頸椎と尾椎を除く馬の脊椎（背骨）は、ほとんど固定されている。大型草食動物として、消化器の容量が大きい馬は、それを保護するために背骨を固定させたと考えられる。つまり、馬の背中はほとんどしなることがない。そのため、馬は人の騎乗も可能にしている。これは、馬の走りにとって重要な要素なのである。

哺乳類《ほにゅうるい》でもっとも速く走ることができるのは肉食動物のチーターである。時速一二〇キロメートルで走ることができる。チーターは背骨を丸めたり伸ばしたりして、全身を使ってスピードを出す。しかし、これではすぐに疲れてしまう。全速力で走れるのは約二〇〇メートルくらいである。チーターは一瞬のスピードだけに優れているわけである。

一方、馬は最大時速は約六〇～七〇キロメートルくらいながら、長い距離を安定して走ることができる。サバンナで展開される肉食動物と草食動物の駆け引きを想像できるだろう。一瞬のスピードにかけるチーターと、安定した長い走りで逃げようとする馬の仲間たち。競走馬が人を騎乗させて一〇〇〇メートルを超えるスピードレースを展開できるのも、この背骨が可能にしているのである。

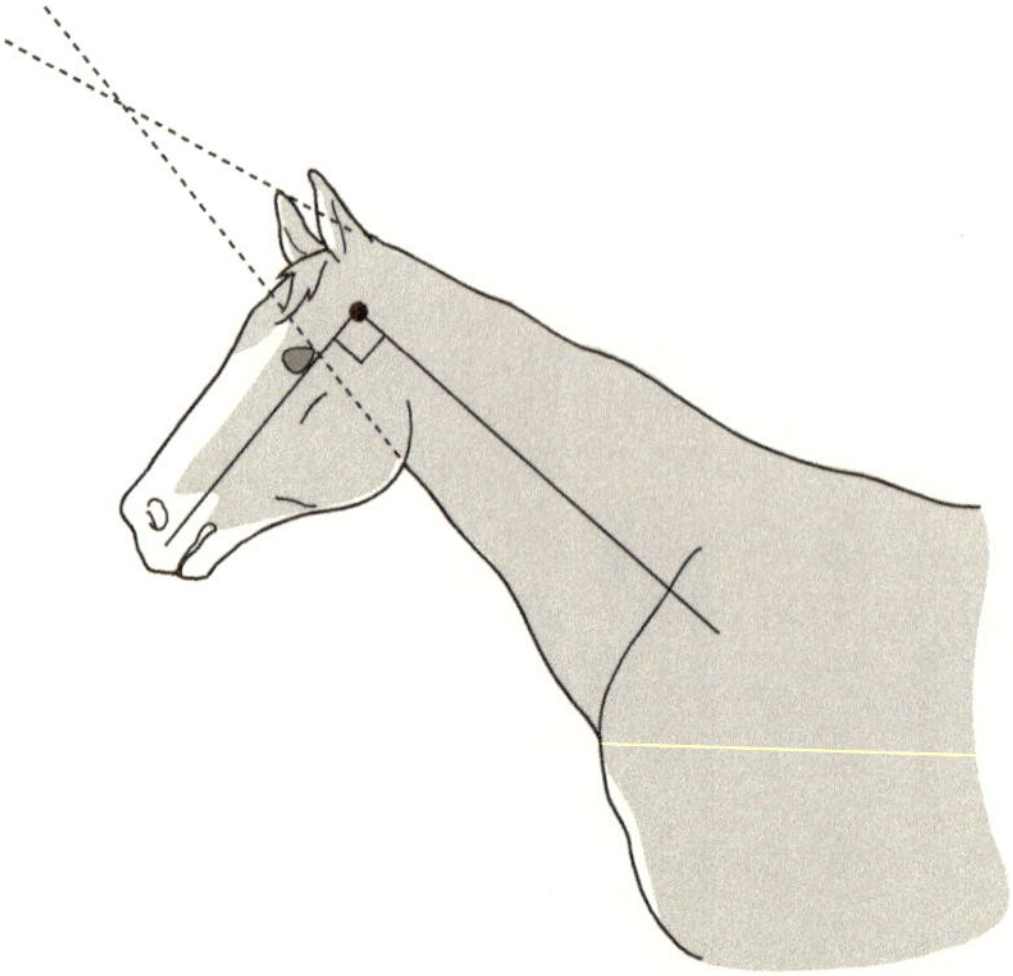

図2-2　相馬学による理想的な頸

体格の特徴

頸《くび》の骨である頸椎は、どんな哺乳類でも七個と決まっているが、その構造は各動物で異なっている。走るときに背骨を大きく動かせない馬にとって、頸椎は頭と頸を動かす重要な働きをする。

　馬の外貌からその能力を評価する相馬《そうま》学《がく》と呼ばれる経験則から生まれた理論によれば、自然体で立つ馬の頭部と頸部のつくる角度は九〇度が望ましいといわれている。また、肩と頭部をつなぐ頸は長く、筋肉が発達して両側に適度なふくらみを帯び、たてがみのある上縁と気管や食道がある下縁がほぼ直線を描き、その延長線が額のはるか上で交差する馬がよいともされている

（図２‐２）。

馬の胴は軀幹《くかん》とも呼ばれ、その内部に主要な臓器を収めている。横隔膜で、前部の胸腔《きょうくう》と後部の腹腔《ふくくう》とに分けられる。

胸腔は、一八個の胸椎、それに対応した一八対の肋骨、一個の胸骨、そして横隔膜で囲まれた部分で、内部には肺、心臓、大動脈、食道、胸腺《きょうせん》などが収まっている。胸腔は長く、奥行きがあって、肋骨の間隔が広く、また張りのあるのが望ましい。

腹腔は、横隔膜の後ろから骨盤までの範囲で、六個の腰椎、背筋、腹筋などで形づくられている。腹腔のなかには、胃、腸、肝臓、脾臓《ひぞう》、膀胱《ぼうこう》、生殖器などが収まっている。

馬体構造のうえで、前肢や頭頸部の運動の力点となる重要な部位が、背にある鬐甲《きこう》である。ゼッケンが置かれ、鞍《くら》がつけられる位置の手前にある（図２‐１参照）。どの胸椎が該当するかには個体差があるが、各馬の胸椎のなかでいちばん突起した骨で、体高や胸囲を測定する基準位置にもなっている。鬐甲は、いわば吊り橋の支柱の役割を果たしている。

骨の役割

一般に、骨には次のような役割があるといわれる。

⑴体を支持する、⑵関節を形成し、筋肉の収縮によって体を移動させる、⑶諸臓器を保護す

る、⑷骨髄が血液を産出する、⑸体液の恒常性を維持するためにミネラルを貯蔵する、の五つである。

走ることを運命づけられている競走馬にとっては、⑵の運動器官としての役割が重要視されがちだが、生命維持の観点からいえば、⑸のミネラル貯蔵器官としての役割も無視することができない。

骨そのものは成長期や骨折のときに活動する以外は、一見眠っているように思われがちである。しかし、体液の恒常性維持のために絶えず巧妙な代謝を営んでいる。

正常な骨の代謝には、細胞（骨芽細胞、骨細胞、破骨細胞、各種ホルモン産生細胞など）の働き、栄養（ビタミンD・A、タンパク、酵素など）の補給、適当な物理的刺激（運動負荷など）が密接に関連している。

たとえば、運動をまったくさせずに馬房内に入れておいた馬では骨のミネラル量が減少する。また、出走回数や出走期間が増えると、とくに運動負荷の大きい第三中手骨《ちゅうしゅこつ》の端にミネラル量の増加がみられるが、三ヵ月くらい休養すると正常値に戻る。

このことから、出走後の休養は疲労を回復するが、休養中も運動は欠かせないといえる。

2-3 競走馬の肢

肢と蹄の進化

馬は生物学的分類上は、哺乳綱《ほにゅうこう》、奇蹄目《きていもく》に属する。この分類学上の言い方が、馬の肢《あし》の特徴をもっとも適切に表現しているだろう（次ページ図2-3）。馬は前肢も後肢も中指一本だけが発達して、その先端にあるひとつの蹄《ひづめ》だけで全体重を支えている（図2-4）。これは、より速く走ることを求めていった進化の結果である。

四足歩行の哺乳動物の走り方は、趾行《しこう》、蹄行《ていこう》、蹠行《しょこう》の三つに分けられる。まず、趾行型はチーター、イヌ、ネコなどの捕食（肉食）動物の走り方で、踵《かかと》を地面につけずに足指（趾）だけを使い、速く走ることができる。しかし、体全体を使うので長い距離を走るのには向いていない。蹄行型は草食動物の馬やシカなど有蹄類《ゆうているい》の走り方で、蹄を使って長い距離を速く走ることができる。また、蹠行型は雑食性のクマやタヌキなどで、足の裏全体を地面につけて比較的ゆったりと

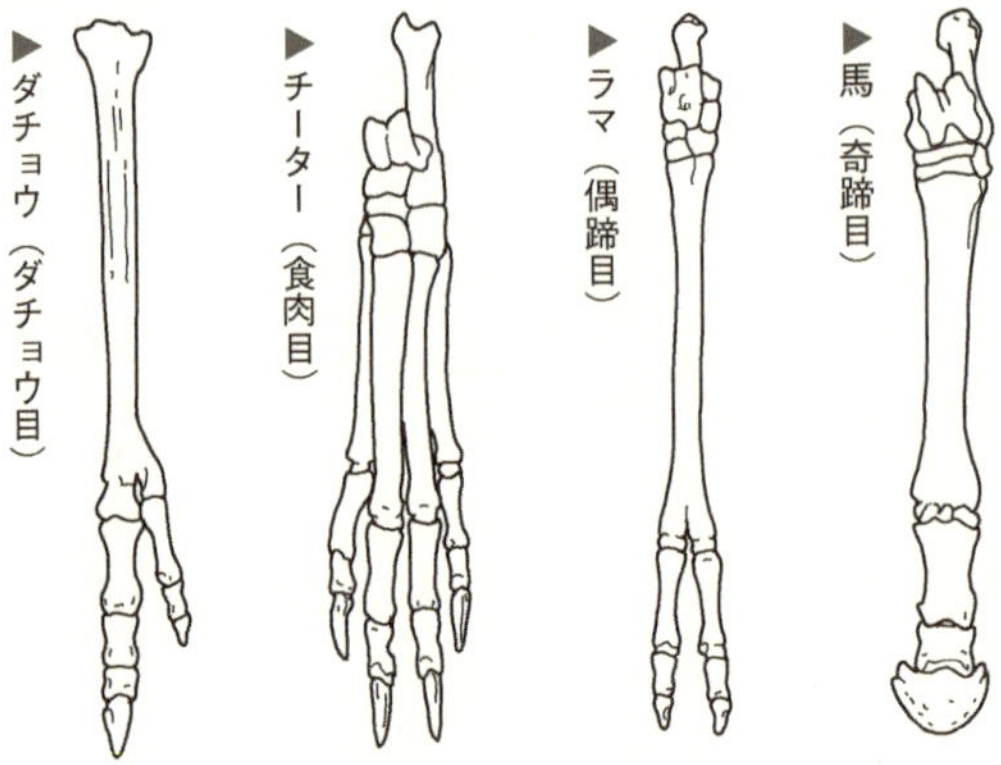

図2-3　馬と他の動物の肢先の比較

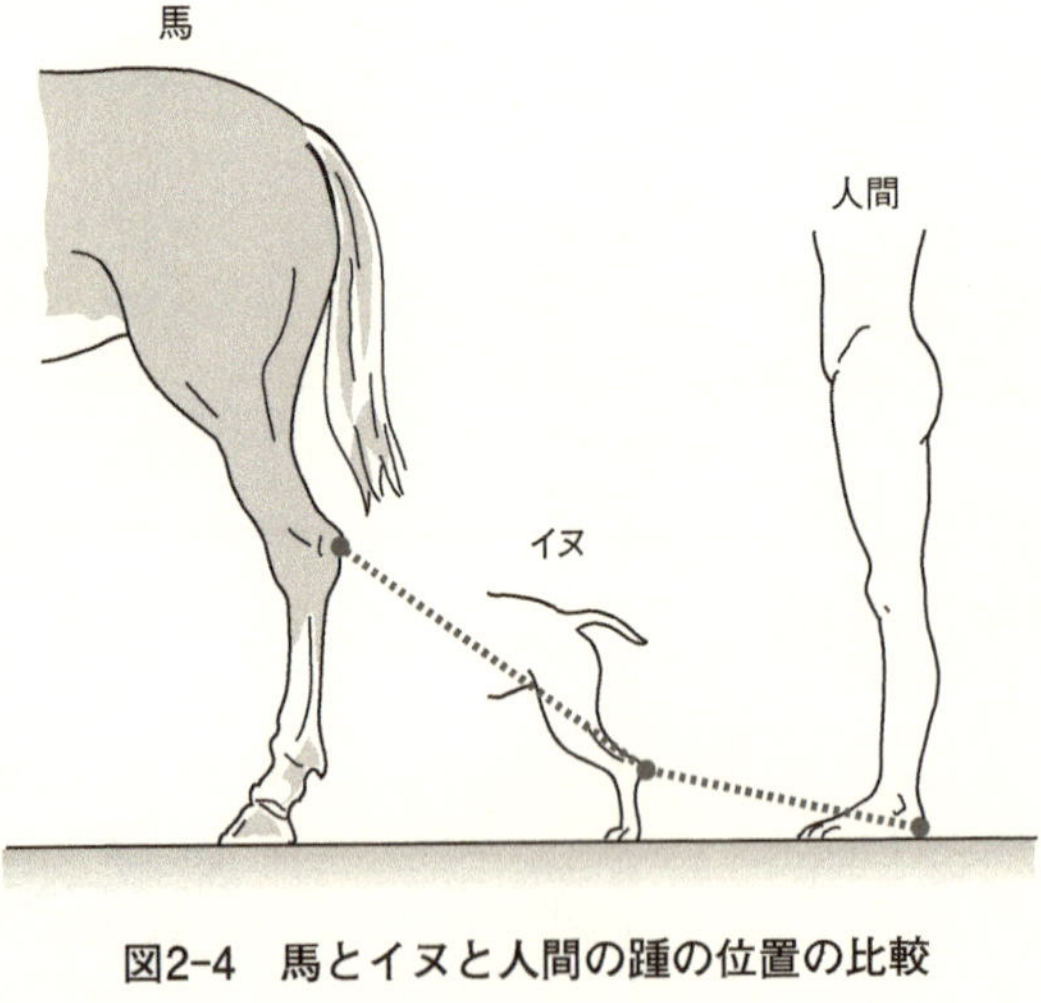

図2-4　馬とイヌと人間の踵の位置の比較

した走り方をする。

もともと馬の祖先は、足先に複数の指をもつ趾行型だった。しかし、武器をもたない草食動物である馬が、肉食動物から逃れて野生の世界で生き延びるためには逃げるスピードが必要だった。速く走るためには、ピッチをあげるか、ストライドを伸ばすかしかない。

消化器官が単純な肉食動物は背骨が柔軟なので、背骨をしなやかに使って弾むように大きなストライドで走ることができる。ところが、草食動物は一般に消化器官が複雑で重い。たとえば、人とほぼ同じ大きさであるヒツジは、腸の長さが人の約三倍、二二～二三メートルにもなる。その重い腹部を支えるために、大型草食動物は背骨も曲がりにくい構造になっているので、背骨をしなやかに使って走ることができない。そこで生まれた妙策が「爪先立ち《つまさき》」だった。蹄行型への進化である。

中指一本で走る

爪先立ちといっても、バレリーナがトウシューズで立っている状態に近い。爪先立ちになった結果、馬は第三指、つまり中指だけで立つことになり、ついには使わなくなった指は退化してしまう。

その進化の過程は、次のようにたとえられる。机の上に手のひらを置き、中指の先端を支点に

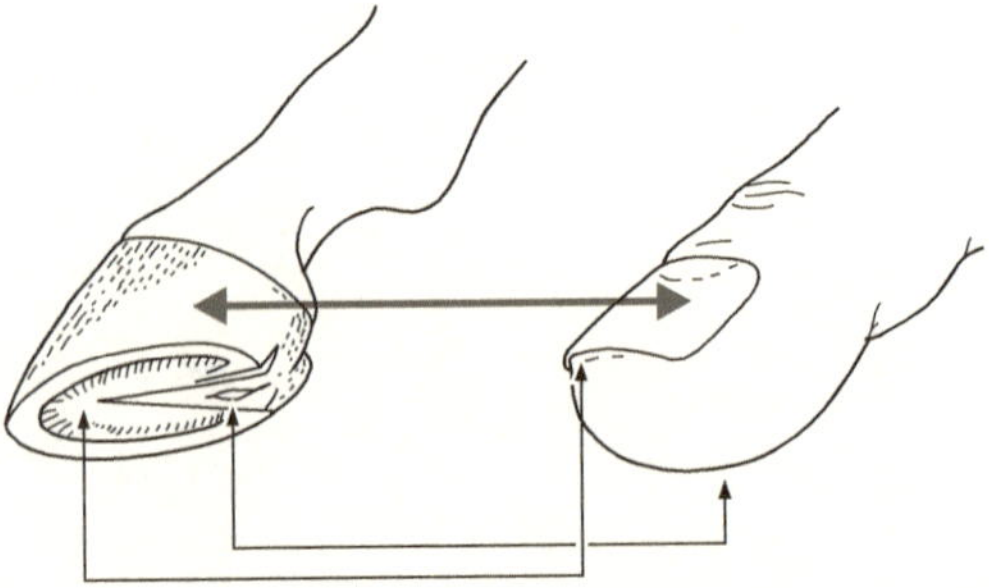

馬の蹄と人間の指の比較。進化の過程で馬はもとからあった爪だけでなく、指先の皮膚が角質化し、現在のような形態になった。

図2-5　馬と人の爪

手首をもちあげていく。するとまず親指が机から離れる。次に小指が離れ、趾行型に近い三本指だけが接地したかたちになる。さらに手首をもちあげると、最後には蹄行型の中指一本だけが机についている状態になる。中指以外は、順に退化していった。

足を長くしてストライドを伸ばすことに成功したのだが、たった一本で立つ指の先端には大きな負担がかかる。そこで、もとからあった爪だけでなく指先の皮膚すべてを角質化し、現在のような特殊な形態に進化することになった（図2-5）。蹄は皮膚を爪に変えた皮爪なのである。

肢の構造

馬の前後肢の構造を人間の手足と対比してみよう（図2-6）。

前肢は、人間の肩甲骨から指先（末節骨）まで、人

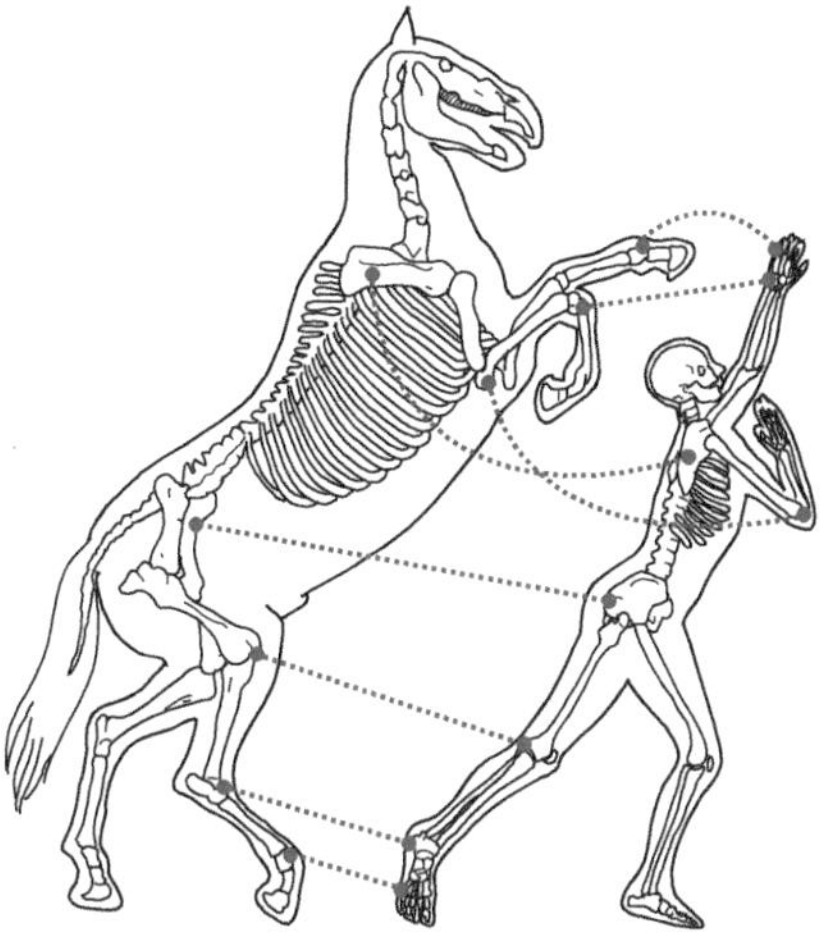

図2-6　馬と人間の骨格比較図

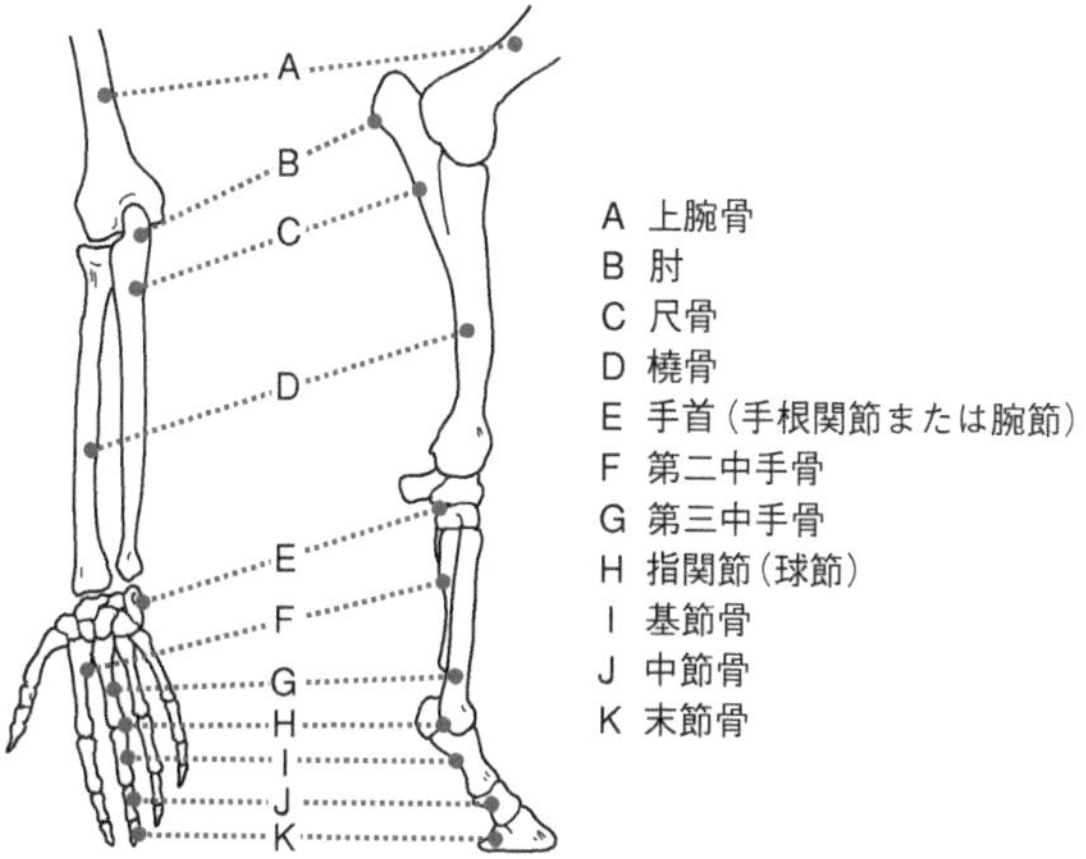

図2-7　馬の前肢と人間の腕の骨格比較

間の手と対比できる（前ページ図2-7）。ただし、馬の場合は肩甲骨と上腕骨が軀幹に密着して、肘《ひじ》から先が軀幹から離れている。

人間の前腕は橈骨《とうこつ》と尺骨《しゃっこつ》の二つの骨で形成されている。これに対して、馬の前肢は橈骨が中心で、尺骨は退化して一部消失している。尺骨の上端は肘頭《ちゅうとう》として残り、下端は橈骨とともに手根《しゅこん》関節《かんせつ》（または腕節《わんせつ》）の一部を形成している。手根関節は七個の手根骨《しゅこんこつ》からなり、人間の手首に相当する。

これに続くのが大きな第三中手骨で、管骨とも呼ばれる。退化した第二中手骨、第四中手骨は

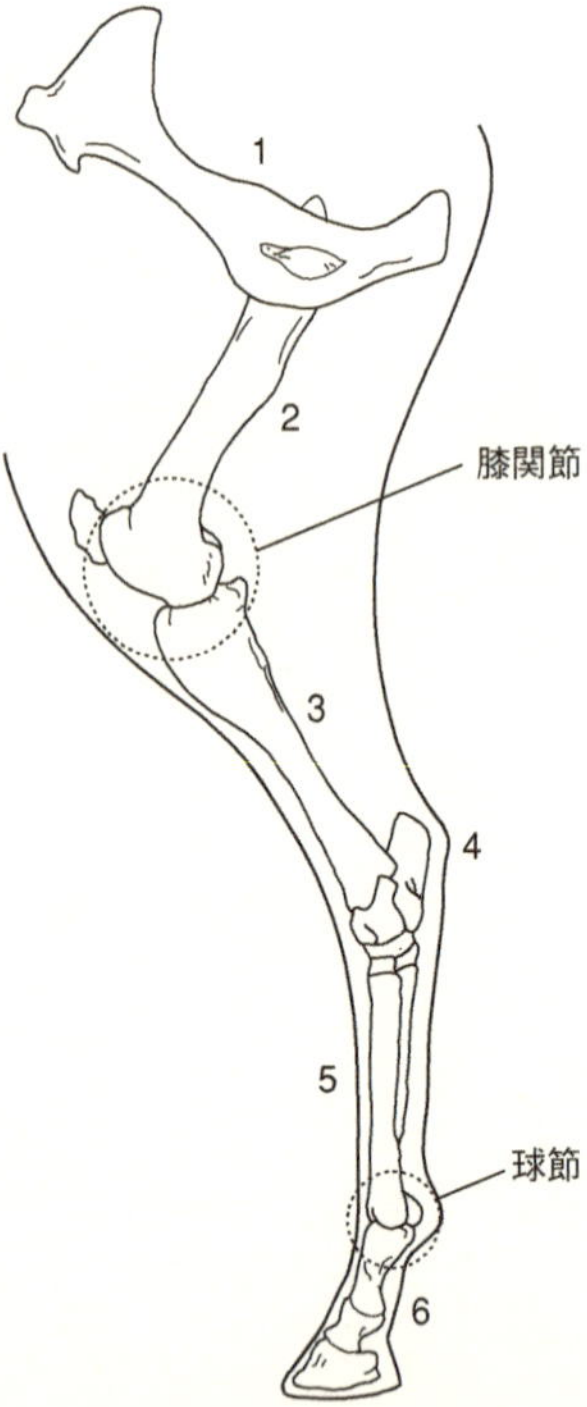

1　寛骨
2　大腿骨
3　脛骨
4　足根骨
5　第三中足骨
6　趾骨

図2-8　馬の後肢の骨格

小さな副管骨として残っているだけで、第一中手骨と第五中手骨は退化して存在しない。

第三中手骨は指骨《しこつ》（人間の中指にあたる）との間に関節を形成している。これが馬で重要な役割をもつ球節《きゅうせつ》で、その後ろ側には種子骨《しゅしこつ》がある。指骨は人間と同じく三つの骨（軀幹に近いほうから基節骨《きせつこつ》、中節骨《ちゅうせつこつ》、末節骨《まつせつこつ》）からなり、先端の末節骨は蹄骨《ていこつ》とも呼ばれて、蹄のなかにぴったり収まっている。

後肢（図2-8）を人間の足と対比すると、大腿骨に続いて膝関節《しつかんせつ》がある。ここは人間の膝《ひざ》に相当し、膝のおさらにあたる膝蓋骨《しつがいこつ》がある。その下は脛骨《けいこつ》が中心となり、腓骨《ひこつ》は退化して下端にいくにしたがって細くなり、脛骨に付着して消失している。

人間の足首にあたる足根骨《そっこんこつ》（足根関節）は飛節《ひせつ》とも呼ばれ、大きく屈曲する。ここから下は前肢と同じ構造で、第三中足骨、趾骨《しこつ》と続く。

このような構造をもった肢は、速く走ることに適している。長い中手骨と中足骨は大きな歩幅（ストライド）を生む。また、短い上腕と大腿部に屈筋や伸筋を集中させて四肢の振り出し（ピッチ）を速くしているとともに、大きな筋力を発揮させている。

負担の大きい前肢

馬の前肢には、人間と違って鎖骨がなく、肩甲骨が胸腔を支えている。とくに競走馬（サラブレッド）の三角形の肩甲骨はほぼ四五度の角度で伸びて、流線形の美しいシルエットを形づくる要素となっている。そして、運動機能面でも重要な意味をもつ。

馬の前肢は胴骨との間に関節や靭帯による固着がなく、肩甲骨が筋肉によって胸壁に連結している。そのため、地面からの衝撃が筋肉によって吸収され、胴骨に直接伝わりにくいだけでなく、前肢の最も上部に位置する肩甲骨の振り子運動が大きく、前肢を大きく踏み出すことができる（図2-9）。

また前肢は、舵取をして方向を決める、いわばハンドルといえる。その一方で、着地と同時に全体重を支え、これを支点として馬体を前方にもちあげる。さらに、着地とともに球節は屈曲を始め、その最大の屈曲角度は九〇度前後にも達して、着地の衝撃を緩和しながら全体重を支えている。

ちなみに、全力疾走している競走馬の前肢には、速度との相乗効果で一トン程度の荷重がかかる。立っている馬では、前肢と後肢の体重負担率はほぼ六対四の割合となり、前肢により大きな負担がかかる。走行中にも前肢には後肢よりも大きな衝撃や荷重がかかることから、前肢は骨折などの故障を起こしやすい。

出走した一〇〇頭の競走馬に対して約一・三頭の割合で骨折が起こるが、その約八割が前肢の骨折となっている。

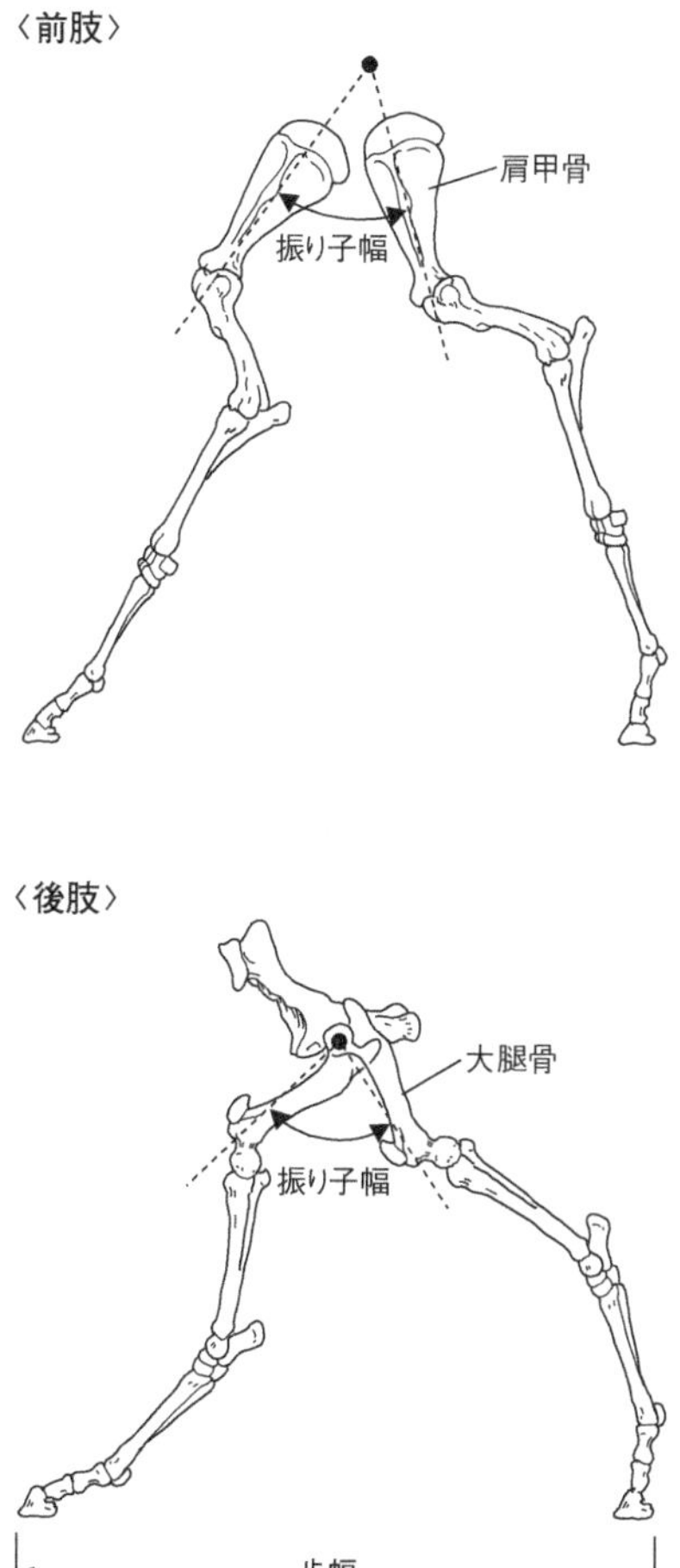

最上部の骨の振り子幅は前肢（肩甲骨）のほうが小さくても歩幅は変わらない。

図2-9　前肢と後肢の振り子運動の違い

2-4 蹄と蹄鉄

蹄の構造

「蹄なくして馬なし」という言葉がある。イギリスのある獣医師が、著書の冒頭を飾る文言として用いた“no foot, no horse”を邦訳したものである。一方、漢字で蹄は足偏に帝《みかど》である。帝は人間の位では最高の位。漢字を生み出した中国人もイギリス人と同じように、蹄の大切さを十分に認識していたようである。

図2-10は蹄の断面図である。そのなかで、蹄鞘《ていしょう》、蹠枕《せきちん》、蹄骨《ていこつ》について説明しよう。

蹄鞘は、蹄を構成するすべての角質を総称する言葉で、切れ目なく連続した組織だが、その位置によって蹄壁《ていへき》、白帯《はくたい》（白線）、蹄底《ていてい》、蹄叉《ていさ》などに区分される。

蹄鞘は、蹄が着地してから離れるまで体を支えるとともに、推進する力や動きを制御する力などを地面に伝えている。この物理的負荷によって蹄鞘が破壊されることもある。これを少しでも

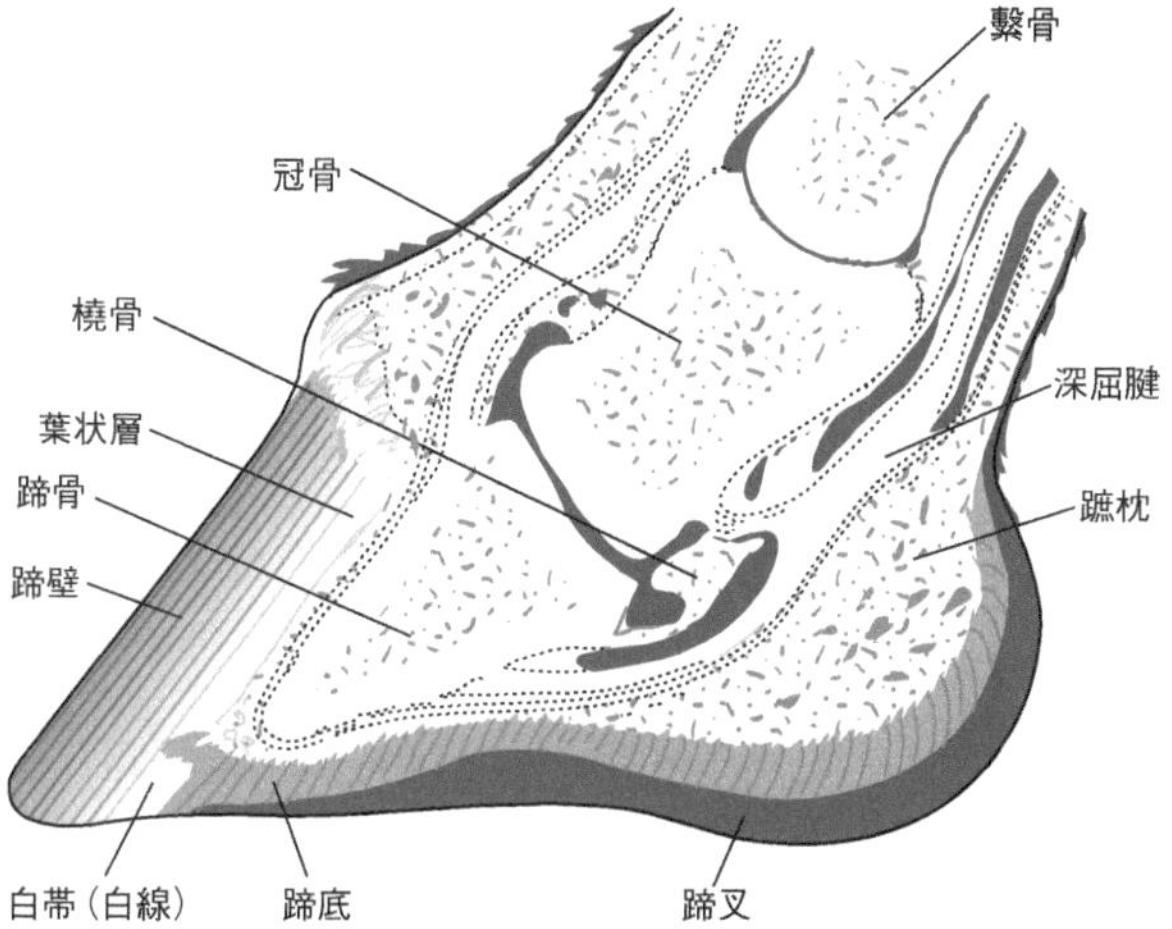

図2-10　蹄の断面図（模式図）

緩和するため、蹄は一時的に変形する。蹄機《ていき》と呼ばれる作用で、圧力が加わったときに蹄の後方が左右に開き、圧力が除かれたときに元に戻る。

蹠枕は、いわば蹄のなかにあるクッションで、体重の負荷や着地のときの衝撃を緩和している。ただし、蹄骨の後方にあるので、蹄骨にかかる衝撃や負荷を受け止めていると考えられる。蹄機の作用も蹠枕と深くかかわっており、蹄後方の硬い角質が広がったり狭まったりしても組織を傷つけないですむのは、蹠枕がここにあるためである。

蹄骨は馬の体重を一身に受けているにもかかわらず、馬が高速で走っても蹄の下から飛び出ることはない。よくみると、蹄の底は椀《わん》のようにくぼんで、地面に直接触れていない。馬の歩く音が「パッカ、パッカ」と聞こえるのは、このくぼみのためであるが、どうなっているのだろうか。

馬は静かに立っているときでも一〇〇キログラム前後の体重がそれぞれの肢骨にかかるが、その最下端に位置する蹄骨は強く結合して蹄壁から吊《つ》り下げられている。この吊り構造によって、蹄骨は沈み込んで蹄底を突き破ることはないのである。蹄骨にかかる負荷はおもに蹄壁、さらには蹄負面（蹄壁の接地面）へと分散されて地面に伝わる。

蹄鉄の登場

重い腹部を支えるために曲がりにくい背骨をもった馬は、人間が乗りやすい動物である。またがっても、比較的安定して座っていられるからだ。しかし、馬にとっては、人間が乗ることで蹄にかかる負荷が野生時代のバランスを超えるようになったともいえる。蹄の損耗が激しくなり、そのままでは蹄がもたなくなってしまったのである。

そこで、これを補うために開発されたのが、人間が与えた装具、蹄鉄《ていてつ》である。いうまでもなく、人馬一体となって時速六〇キロメートルを超える走りをみせる競走馬には不可欠、かつレースを左右する重要な存在となっている。蹄鉄がなければ、競走馬の蹄はいち早く磨耗してしまい、あっという間に使いものにならなくなるだろう。

蹄鉄の軽量化

馬はストライドを伸ばすために中指一本で爪先立ちをしたが、速く走るためにピッチをあげる独特の構造をもっている。それは肢の軽量化である。肢の筋肉を付け根に集中させて肢先を軽くしている。車にたとえれば、軸下重量の軽量化である。速さの究極を求められる競走馬の蹄鉄が、軽量化の方向に即するのは当然だろう。

一方、蹄鉄には蹄の保護という大きな役割があるが、保護にもっとも適した鉄製の蹄鉄を競走馬に使うにしろ、その重量は最小限にとどめたい。そのため、かつては調教のときに着用する蹄鉄とは別に、競走用には軽量のアルミニウム製の蹄鉄（競走用ニウム鉄）が多く使われていた（次ページ写真２-４の１）。しかし、競走用ニウム鉄は七五グラムと軽量だが磨耗しやすく、頻繁に打ち替えるために蹄壁が釘《くぎ》でぼろぼろになってしまうという欠点があった。

そこで考案されたのが、（調教、競走）兼用蹄鉄である（写真２-４の２）。やはりアルミニウム製で約九五グラムと軽量でありながら、磨耗も少なく、兼用なので頻繁に打ち替える必要がない。現在では、ほとんどの競走馬が兼用蹄鉄を使用するようになった。

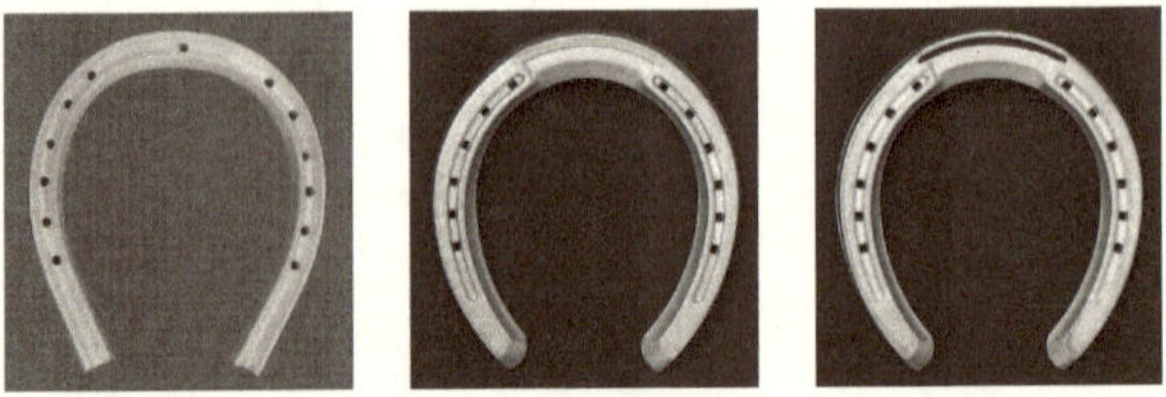

1. 競走用ニウム鉄

かつてはレース直前に軽い競走用ニウム鉄に打ち替えていた。

2. 兼用蹄鉄（鋼片なし）

歩き方に合わせて適度に磨滅するので、若駒に初めて装蹄する場合に適している。

3. 兼用蹄鉄

競走用の標準タイプ。頭部に鋼片を埋め込み、耐磨耗性を高めている。

写真2-4　蹄鉄の種類

一般的な兼用蹄鉄

現在の兼用蹄鉄の一般的なタイプには、頭部に鋼片が埋め込まれている（写真2-4の3）。それは、蹄尖《ていせん》部の激しい磨耗を少なくするためである。

ところで、同じ蹄でも前肢のほうがとくに磨耗が激しい。それは、肢の推進力や制動力と密接な関係があるので、図2-11で説明してみよう。

前肢、後肢とも、着地するとき、蹄は肢の付け根よりも前方に位置する。このときの位置をAとする。これが体の移動によって付け根の直下になり（B）、さらに後ろに流れて地面から離れる（C）。

前肢の場合、AからBまでは体を支え、むしろ制動力を発生しているだけで、推進力は発生していない。前肢が推進力を生むのはBからで、Bと

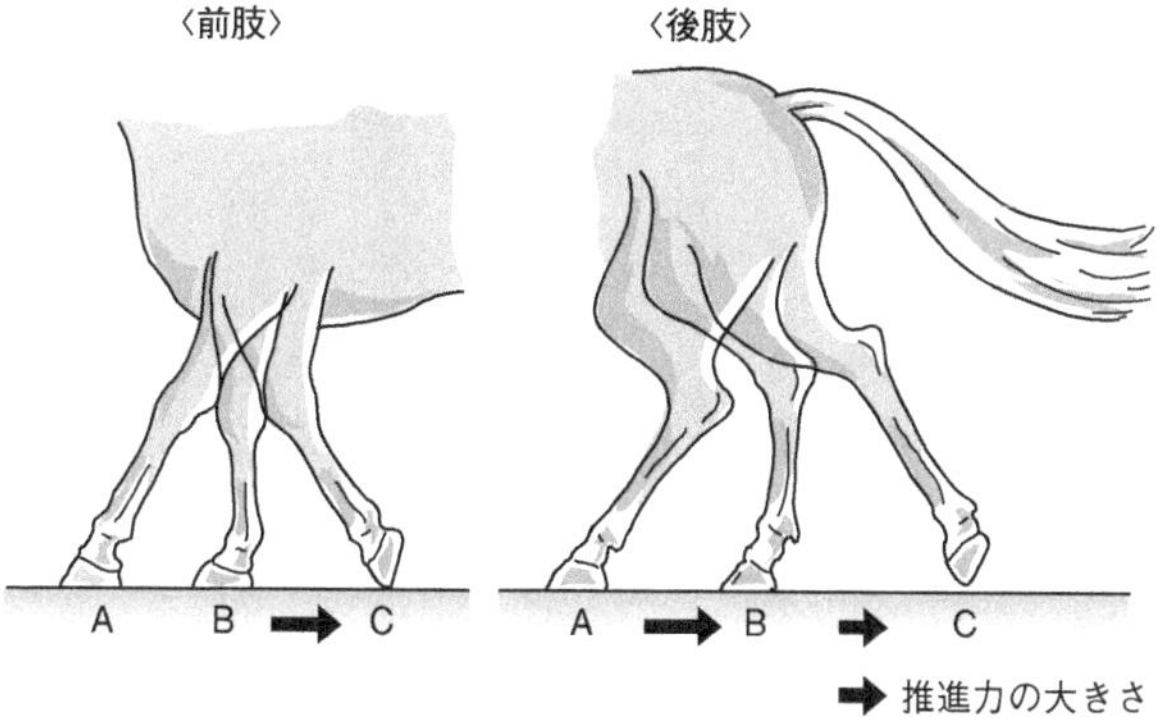

爪先を支点にして蹄が返る（Ｂ→Ｃ）ときに、大きな推進力を発生する前肢のほうが蹄鉄の磨耗が激しい。

図2-11　肢の運びと推進力

Ｃの中間点あたりで最大推進力を発揮する。その後は弱まってきて、Ｃで地面を離れる直前に、もう一度わずかだが推進力を発生させる。

一方、後肢の場合は、Ａで着地しても制動力はほとんど発生せず、着地後すぐに推進力を発生している。Ｂの直後で最大推進力に達し、それ以降は推進力が徐々に減少していって、Ｃの地点ではほとんどゼロとなる。

つまり後肢は、肢が地面から離れる地点で蹄の返しをおこなうときには、すでに仕事を終えているので蹄尖部には大きな力がかからない。それに対して前肢は、爪先を支点にして蹄が返るときにも推進する仕事をしているので、蹄尖部に力がかかり、この部分の蹄鉄も磨耗が激しくなるわけである。

理想的な蹄鉄

推進力を生み出すためには、しっかりと地面をつかむ必要がある。地面をしっかりとグリップできなければ、肢は空回りをしてしまい、前に進むことができない。

蹄鉄には、このグリップ力を高める工夫もなされている。もっとも効果があるのは、歯鉄、いわゆるスパイクである。しかし日本では人馬の安全と馬場の保護のため、蹄鉄の底面の突起は高さ二ミリメートルを超えてはならないという規定があり、二ミリメートルを超える高さの歯鉄は使用できない。

この二ミリメートルは、蹄鉄を留めている釘の頭部が底面から突出することによる猶予範囲だが、逆にいえば二ミリメートル以下であれば突起物が認められることになる。

そこで考え出されたのがトウシューズである。鋼片入り蹄鉄の鋼片部分を、底面から二ミリメートル上げて、グリップ力を高めている。

また、蹄尖部だけでなく、底面全体の周辺を二ミリメートル上げたアウターリムという蹄鉄もある。

しかし、蹄鉄はグリップ力が高ければよいというものではない。あまりにもしっかりとグリップしてしまうと、着地したときの衝撃を逃がすことができなくなるからである。着地のときには少しだけ滑って衝撃を逃がし、その後はしっかりとグリップして推進力を生むのが、理想的な蹄鉄といえるだろう。

蹄鉄をつくり、競走馬に装着する専門家を装蹄師という。それぞれの競走馬に合わせた理想の蹄鉄をつくるべく、日々工夫を重ねている。

2-5 競走馬の筋肉

走りのための筋肉

鍛え上げられた競走馬は、どの筋肉が発達するのだろうか。

それは、子馬と成馬《せいば》、そしてレース経験のある競走馬と未経験の競走馬をそれぞれ比較するとよくわかる。

次ページ図2-12でわかるように、成馬は子馬と比べて四肢上部の筋肉がよく発達している。また、図2-13のように、レース経験のある競走馬はとくに菱形筋《りょうけいきん》、棘下筋《きょくかきん》、大腿筋膜張筋《だいたいきんまくちょうきん》が発達している。

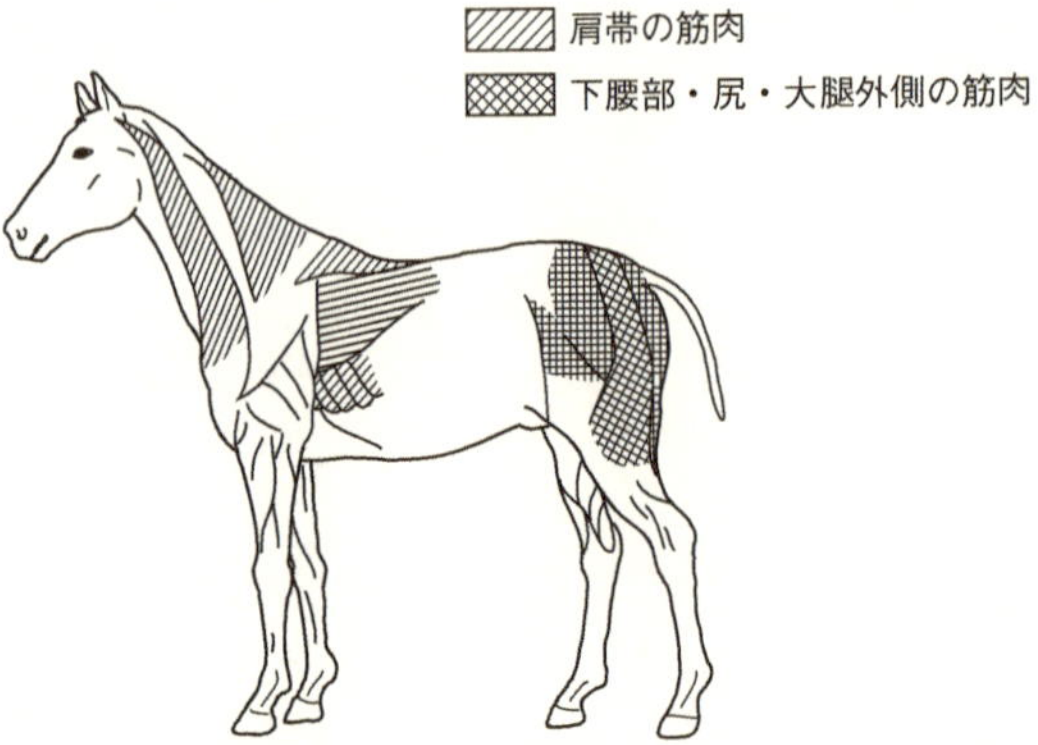

斜線部分が子馬に比べ、成馬において発達していた筋肉。

図2-12　成馬の筋肉の発達の特徴

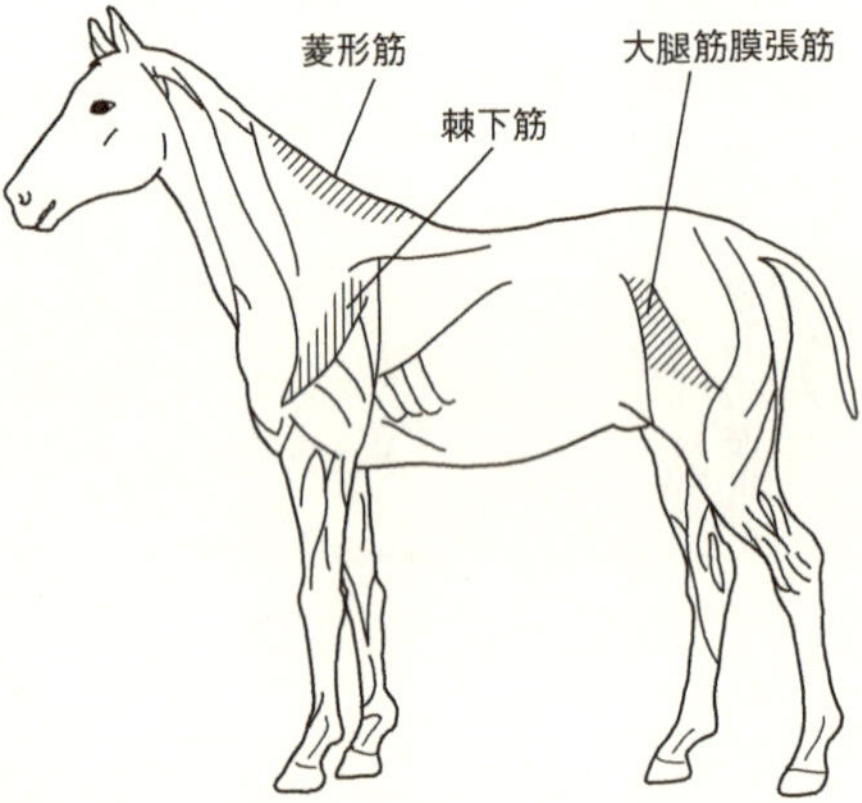

斜線部分が競走歴のないサラブレッドに比べて、とくに発達していた筋肉。

図2-13　競走歴のあるサラブレッドの筋肉の特徴

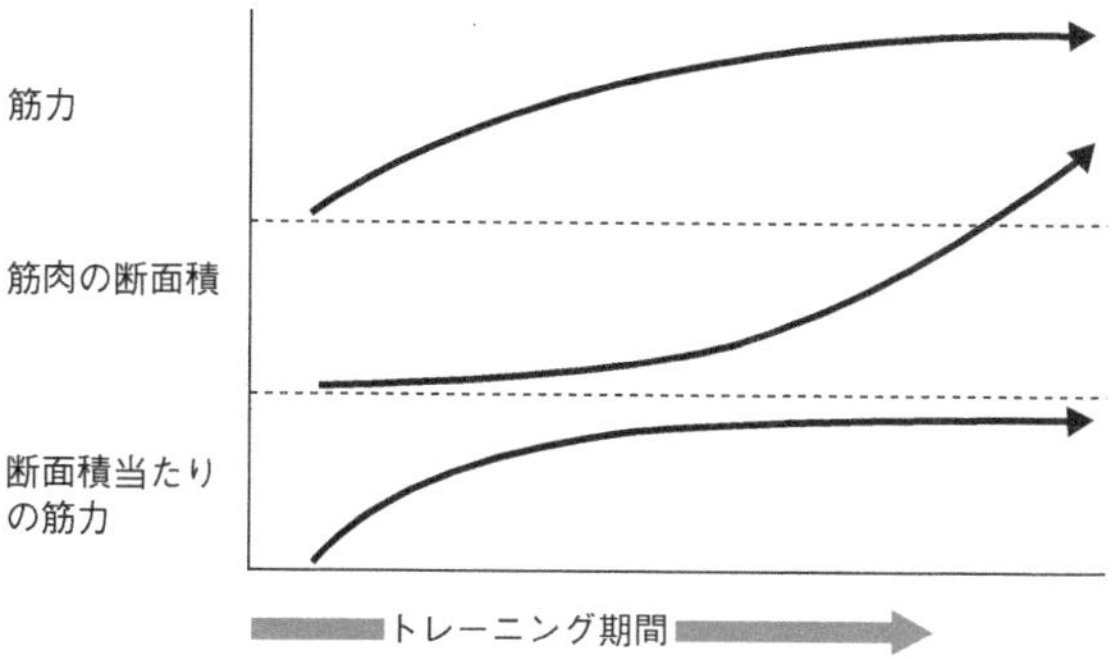

トレーニングによって筋線維が肥大して、同時に筋線維の数も増加するといわれている。この結果として筋力が増大する。

図2-14　トレーニングによる筋力の変化

これらの筋肉は、解剖学的にみても疾走するときに重要な役割を果たしている。

菱形筋は、肩甲骨を助けて前肢の安定性を保つだけでなく、スムーズな頸の上下運動を繰り返して、走るリズムをとるために使われている。棘下筋は、前肢の運動をコントロールしている。また大腿筋膜張筋は、後肢を素早く前に引いて、股関節を曲げる運動に使われている。

速い馬とは、とくにこれらの筋肉の発達がよい馬といえよう。

トレーニングと筋肉

競走馬に必要な筋肉の発達は、トレーニングによって促進される。図２-14はトレーニングによって筋肉がどのように変化するか概観したものである。

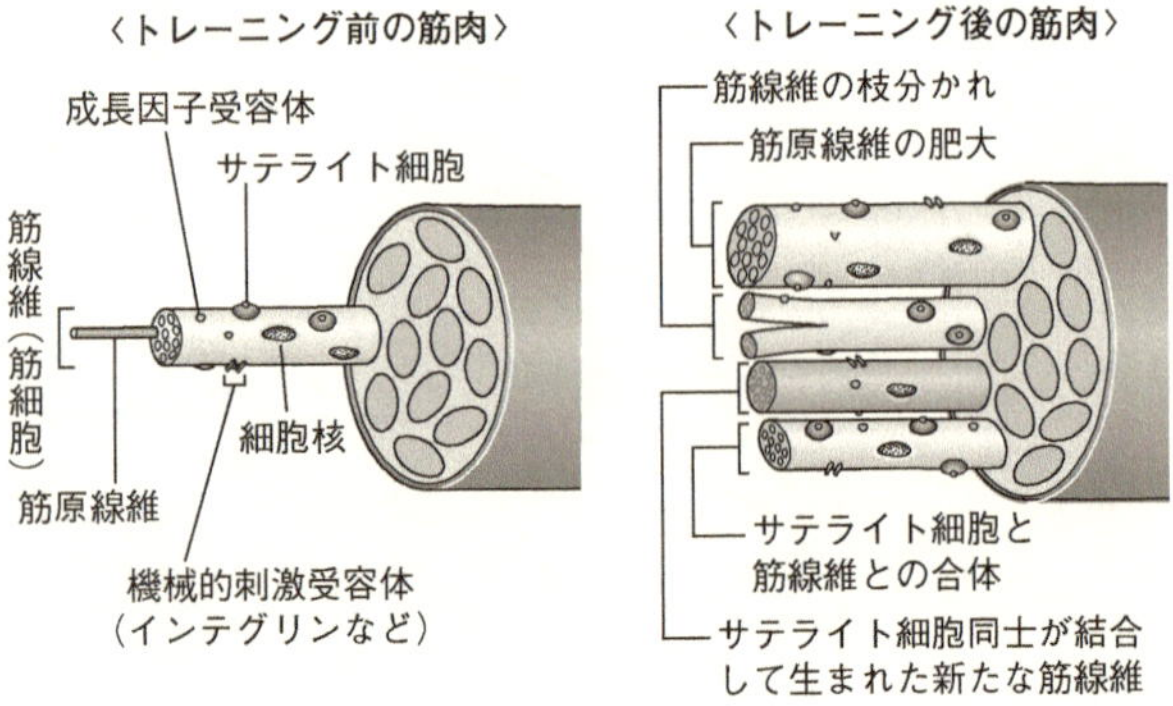

ミクロレベルで筋肉の肥大をみると、トレーニングによって筋原線維が肥大したり枝分かれしたり、またサテライト細胞と筋線維とが合体したり、サテライト細胞同士が結合して新たな筋線維が生まれたりしていることがわかる。

図2-15　トレーニングによる筋肉の肥大

トレーニングを二〜三ヵ月続けると、筋線維が肥大して、同時に筋線維の数も増加するといわれている。

図2-15は、ミクロレベルでの筋肉の肥大を示している。

まず、肥大前の左図で筋肉の構造をみてみよう。

筋肉は筋線維を束ねたもので、筋線維は細長い線維状の細胞であることがわかる。さらに、そのなかには収縮機能のある筋原線維を一〇〇〇本以上も有している。また、サテライト細胞は、筋線維を包む膜にパックされている。

右図は肥大した筋肉である。

トレーニングによって、タンパク質は分解されるよりも合成されるほうが多くなり、サテライト細胞が成熟する。そして、筋原線維が肥大したり、サテライト細胞同士が結合して新たな筋線維に成長したり、サテライト細胞と筋線維が合体したりする。また、筋線維が裂けて枝分かれし、その数を増やすこともある。

トレーニングによって筋肉の肥大が促進されるばかりでなく、筋肉内の毛細血管とミトコンドリアの数も増えることがわかっている。毛細血管は酸素の供給や老廃物の運搬などの役割を果たしているが、それが増えると酸素がより多く運び込まれるので、有酸素性エネルギーの生産性が高まる。

また、ミトコンドリアは、いわばエネルギー（ＡＴＰ）の生産工場である。工場の数が増えるので、エネルギー生産の増加につながる。

そのほかに、トレーニングによって筋肉内の酵素がより活性化される。酵素はエネルギー生産工場におけるベルトコンベアの役割を果たしており、その働き手が増えることで、エネルギーそのものも増加することになる。

こうして筋肉が発達し、より速い走りを可能にするのだ。

2-6 競走馬の心臓

大きな心臓

競走馬をレーシングカーにたとえれば、その心臓はまさしく高性能のエンジンにあたる。そして、血液は高品質のハイオクタンといったところだろう。

心臓は、そのポンプの働きによって血液に流れを与え、血液が腸から吸収した栄養や、肺から取り入れた酸素を体のすみずみにまで運んでいる。また、老廃物を腎臓や肺から排出するのを助けている。そのなかで、競走馬にとって大切な能力が酸素運搬能力である。

酸素運搬能力は心臓が大きいほど優れている。多くの血液を送り出すことができ、酸素を多く運ぶことができるからである。

一般に体の大きい動物ほど大きい心臓をもっているが、心臓の重量と体重との比率（心臓重量比）をみてみると、競走馬の異常な高さがわかる。人の心臓重量は約二五〇グラムで、体重の

種類	体重（kg）	心臓の重量（g）	体重100ｇ当たりの心臓重量（g）
人間	60	250	0.42
馬（サラブレッド）	485	4,688	0.97
（ペルシュロン）	771	4,700	0.61
オオカミ	23	246	1.07
イヌ（グレイハウンド）	24	309	1.29
ブタ	102	304	0.30
ウシ	552	1,905	0.35
ゾウ	6,654	26,080	0.39
クジラ	40,370	187,000	0.46

表2-2　哺乳動物の心臓重量

〇・四パーセント、重種《じゅうしゅ》のペルシュロンは約四七〇〇グラムで、約〇・六パーセントである。それに対して、競走馬（サラブレッド）の心臓重量は四〇〇〇〜五〇〇〇グラムで、体重の約一パーセントを占めている（表２-２）。さらに、トレーニングを積んだ競走馬は心臓重量比が一・一パーセントに達する。

伝説の名馬エクリプスの心臓は、六五〇〇グラムあったとする記録がある。これを信じれば心臓重量比は一・三〜一・四パーセントとなる。信じられない大きさの心臓を有していたことになる。

名馬の心拍数

心臓の大きさだけでなく、心拍数も性能を示す指標になる。一回の収縮で送り出せる血液量が大きければ、必然的に心拍数は少なくなるからである。

たとえば人間の場合、一般人の平常時の心拍数は一

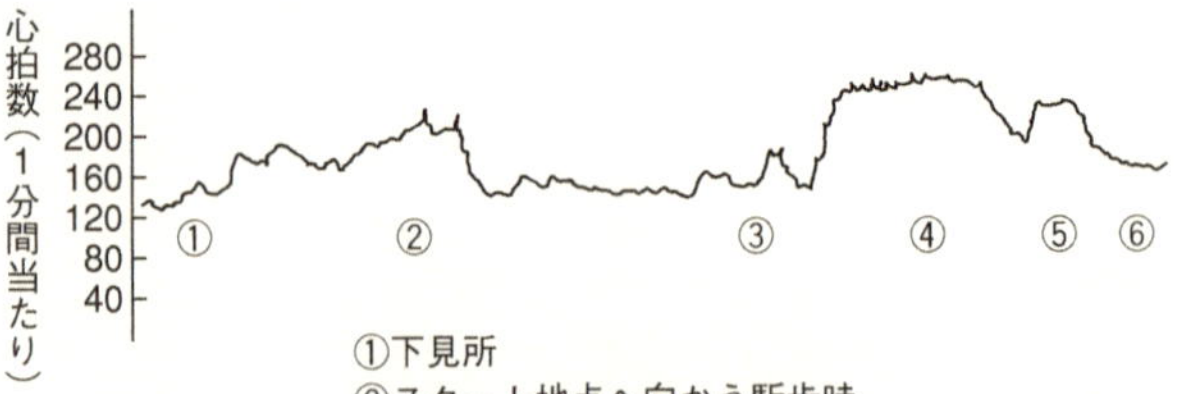

①下見所
②スタート地点へ向かう駈歩時
③スターティングゲート内
④レース中
⑤レース後の駈歩時
⑥下見所へ戻る常歩時

スターティングゲート内である程度上昇した心拍数は、レース開始後20秒くらいで最高心拍数の220 ～ 240 ／分まで上昇する。

Krzywanek 1970年 Equine Vet. J.

図2-16　レース中の競走馬の心拍数の変化

分間に六〇～七〇だが、一流の長距離走者では約四〇である。これが競技中となると、酸素の必要量が増えて、最高で〝二二〇マイナス年齢〟になる。長距離走者は、それだけ心臓に余裕があるということだ。

　競走馬の場合、平常時の心拍数は三〇～三五だが、名馬になると二二という数字もみられる。レース中の心拍数は、ぎりぎりの二二〇～二四〇となる。これは安静時の六～八倍である。これ以上早くなっても、血液の粘性からかえって効率が悪くなる。

　図2-16は、実際にレースに出走した競走馬の心拍数の変動を調べたものである。スターティングゲートのなかですでにある程度上昇していた心拍数は、レース開始後二〇秒くらいで最高心拍数に達している。これは、精神的な影響、自律神経

支配、関節運動による機械的反射などに、心臓が敏感に反応するからであると考えられる。

高い酸素運搬能力

競走馬は大きな心臓と優れたポンプをもっているわけだが、体内を循環する血液の量が少なければ意味がない。

表２-３は体重一キログラム当たりの血液量を各種動物で比較したものである。これでわかるように、サラブレッド（競走馬）の血液量は他の動物よりもはるかに多い。サラブレッドの血液比重は一・〇五くらいなので、体重の約一一パーセントにもなる。さらに、トレーニングによって赤血球の数が増加することがわかっている。

そこで、血液そのものよりもヘモグロビン量が大切になる。

動物種	血液量（mL/kg）
馬（サラブレッド）	103.1～109.6
（輓馬）	61.4
（乗用馬）	77.5
（ロバ）	66.0
イヌ（ビーグル）	81.9～102.6
（グレイハウンド）	114
ネコ	66.7～75.0
ウシ（肉牛）	57.0
（乳牛）	59.2
ヒツジ	60～66.4
ヤギ	70
ブタ	35～46
ラクダ	83
サル	54～75.1
ウサギ	57.3～70
ネズミ	50～84.8
ニワトリ	60～90
人間	63.8～97.0

表2-3　いろいろな動物の血液量

動物種	赤血球数（万個/mm^3）	平均血球容積 $\left(\frac{1}{1000}\mathrm{mm}^3\right)$
馬（サラブレッド）	945	43.6
（輓馬）	750	46.7
ウシ	600	55.8
ヒツジ	1,097	29.9
ヤギ	1,260	22.0
ブタ	793	58.4
イヌ	702	67.4
ネコ	724	55.5
人間	450	82.0〜92.0

表2-4　いろいろな動物の赤血球数と平均血球容積

厳密にいえば、酸素は赤血球に含まれるヘモグロビンによって運搬される。

人間の赤血球の数は一立方ミリメートルに四五〇万個あるが、競走馬では安静時でも九四五万個と人間の二倍以上もある（表2-4）。しかも、脾《ひ》臓《ぞう》には赤血球を大量に含んだ血液が貯蔵されている。運動をすると、これが血液中に流れ出し、赤血球の濃度は安静時の一・五倍以上になるのである。

競走馬はレースにおいて、大きくて排出量の多いエンジン（心臓）をフル回転（最大の心拍数）させるだけでなく、あわせて高品質のハイオクガソリン（酸素を多く含んだ血液）も使っていることになる。

大量の酸素を取り入れられるように、競走馬は呼吸器も発達している。横隔膜が腹部すれすれまで後退して、その分、肺の容積が大きくなっている。

その一方で、極限まで進化させた心肺機能の犠牲となっているのが消化器である。腸の長さをみると、体長との比で、ウシやヒツジが二〇〜三〇倍あるのに対して、馬は九〜一三倍しかない。草食動物としては異例の短さである。胃も同様に小さく、ヒツジやヤギと比べても、その大きさは半分以下である。そのため、食べすぎると胃拡張を起こしやすく、胃が破裂することもある。

二種類のエネルギー

すでに何度か述べたように、馬を含めほとんどの動物は、二種類のエネルギーを使い分けて運動をしている。無酸素性エネルギーと有酸素性エネルギーである。無酸素性エネルギーは短距離走や重量挙げなど、おもに瞬発力が必要なときに使われる。一方、有酸素性エネルギーはマラソンやエアロビクスなど、おもに長時間の運動で使われる。

多くの運動には両方が使われており、その比率を競走馬でみると一六〇〇メートルのレースでは無酸素性エネルギーが三〇パーセント、有酸素性エネルギーが七〇パーセント、三二〇〇メートルでは無酸素性エネルギーが一〇パーセント、有酸素性エネルギーが九〇パーセントとなる。レースの距離が延びるほど、有酸素性エネルギーの比率が高くなる。つまり、心臓の酸素運搬能力が求められる。

では、どのように二種類のエネルギーが使われるのか、二四〇〇メートルのレースを例にみてみよう。

スタートとダッシュ、そして好位置をねらってスピードを上げるまでは両方のエネルギーが使われるが、無酸素性エネルギーが使われる割合が多い。ペースを確保して一定のスピードで道中を走るのに使われるのはおもに有酸素性エネルギーで、スピードはそれほど出せないが、有酸素性エネルギーを使うと疲れにくい。ただし、無酸素性エネルギーには限度があるので、無酸素性エネルギーをすでに使いすぎて、最後の直線でスピードを出し切れない競走馬もある。したがって速い馬は、この二つのエネルギーの配分が上手な馬ということになる。

最大酸素摂取量

競走馬が多く利用する有酸素性エネルギーが、どれだけ効率よくつくれるかは、エネルギーに必要な酸素をどれだけ体内に取り入れられるかによる。それを示すのが最大酸素摂取量である。大気中には酸素が約二一パーセントある。一〇〇リットルの空気を吸うと、体内に二一リットルの酸素が入る。しかし、すべての酸素を使うわけではない。吐いた息のなかにも酸素が含まれている。そこで、吸気の酸素量から呼気の酸素量を引けば、体内で消費した酸素量がわかる。その酸素量から導いた体重一キログラム当たりの数値が酸素摂取量で、運動によって最大値を測ったのが最大酸素摂取量となる。

計測値によると、ウシも競走馬も安静時の酸素摂取量はほとんど変わらない。ところが、運動時の最大酸素摂取量を比較すると競走馬はウシの三倍になる。安静時と運動時の比較では、一般の哺乳動物が約一〇倍になるのに対して、競走馬の場合は約三〇倍にも増加するのだ。

トレーニングによって大きくなった心臓が、酸素運搬能力を高めて最大酸素摂取量が増加し、有酸素性エネルギーを最大限につくるのである。

第3章

速く走らせるための工夫

怪物と呼ばれた顕彰馬ハイセイコー
（写真は1973年皐月賞優勝時）

3-1 馬具の工夫

馬具の役割

顕彰馬ハイセイコーが白いメンコ（正式には頭巾《ずきん》という）をつけて走る姿を、いまでも覚えている人が多いだろう。このメンコがトレードマークになって、ぬいぐるみまで発売されている。

メンコに限らず、競走馬が身につけている馬具（馬装具《ばそうぐ》）は単なる飾りではない。個々の競走馬の問題点を正すとともに、速く走らせるための工夫が込められている。

レースに出場する競走馬の馬具には、大きく分けて二つの役割がある。

ひとつは騎手との意思伝達を図る道具としての役割であり、もうひとつは競走馬を正しく走らせるための矯正《きょうせい》道具としての役割である。前者に鐙《あぶみ》、鞍《くら》、手綱《たづな》、銜《はみ》、後者にブリンカー（遮眼《しゃがん》帯《たい》）、シャドーロール、メンコなどが該当する。

たとえばメンコは、音に敏感で、ゲートの開く音やファンの歓声などに驚く競走馬に対して、

写真3-1　もっとも基本的なレース時の馬装具

音を遮断するために用いる。その目的は走りに専念させるためであり、矯正道具がその成績に悪影響を及ぼすことはほとんどない。

レースのためにJRA（日本中央競馬会）が用意する馬具は、鞍の下につける番号ゼッケンだけで、それ以外は騎手や厩舎《きゅうしゃ》が用意する。騎手と競走馬との相性や、それぞれの個性に応じて馬具が選ばれるわけである。写真3-1は、レースにおいて最低限必要な馬具をつけた状態である。

鞍の置き方

騎手が騎乗する鞍は、サドル（狭義の鞍）、鐙、鐙革《あぶみかわ》、腹帯託革《はらおびたつかく》などが一体になっている（次ページ写真3-2）。

鞍は騎手が体を預ける馬具だが、レースでは体重を移動して競走馬を制御するという重要な役割

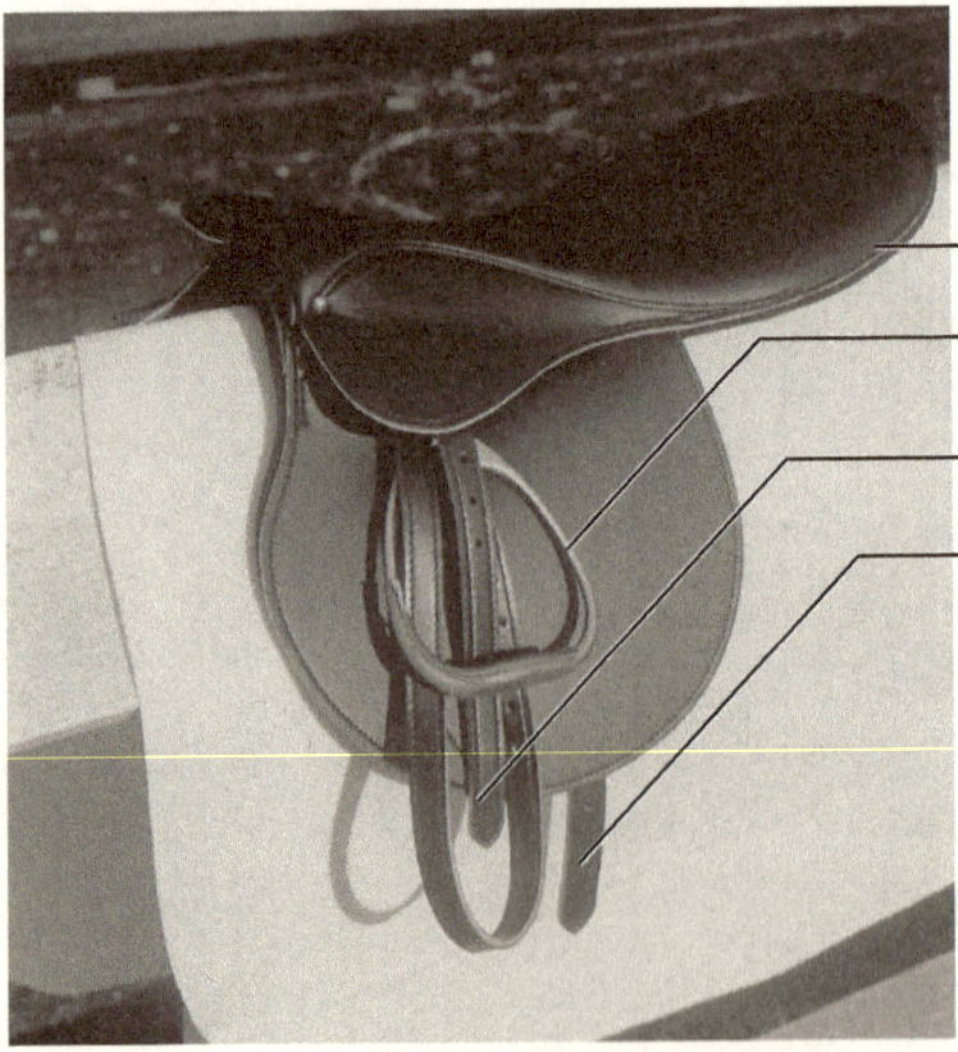

写真3-2　鞍の各部名称

もある。たとえば、鞭《むち》を使って競走馬にゴーサインを出すだけではなく、鐙にのせた体重を前に押し出すようにして「行け」の合図を送る必要がある。鞍はそれらをきちんと伝えられなければならない。

写真3-3は、レース前の競走馬に鞍を装着する手順である。以下、写真の番号順に説明する。

(1)まず、サドルと競走馬との緩衝材である鞍下《くらした》毛布を置く。滑り止めのためスポンジ製の場合が多い。

(2)競馬施行法第五六条によってレースでは各馬が背負うべき負担重量が決められているので、騎手の体重が軽すぎるときは調整しなければならない。そのために

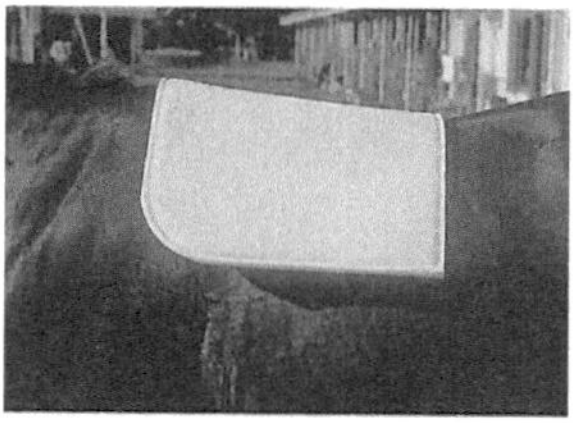

(1)鞍（サドル）を背中にのせる前に、滑り止めのためスポンジ製の鞍下毛布を置く。

(2)騎手の体重が軽すぎるときはポケット付きのゼッケンを装着し、ポケットに重量調整用の重りを入れる。

(3)番号ゼッケンをのせる。実際のレースに使用するものには、馬名とレース番号が入っている。

(4)鞍をつける。この鞍には鐙と腹帯があらかじめついている。

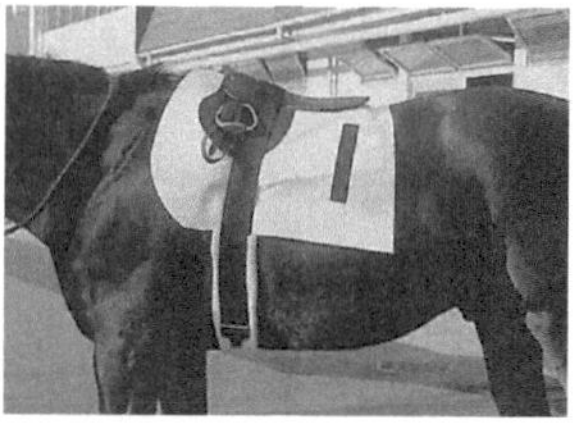

(5)鞍の上から上腹帯を締めて、装鞍の完成。

写真3-3　鞍を装着する手順

ポケット付きのゼッケンを装着し、ポケットに重量調整用の重りを必要量だけ入れる。ただし、騎手自身が重りを身につける場合もある。

(3)番号ゼッケンをのせる。ただし、レースで使用する番号ゼッケンには馬名も入っている。

(4)鞍をのせて、鞍の腹帯託革につけた下腹帯を締める。

(5)さらに、上腹帯を鞍に一回りさせて締め、装鞍《そうあん》の完成である。

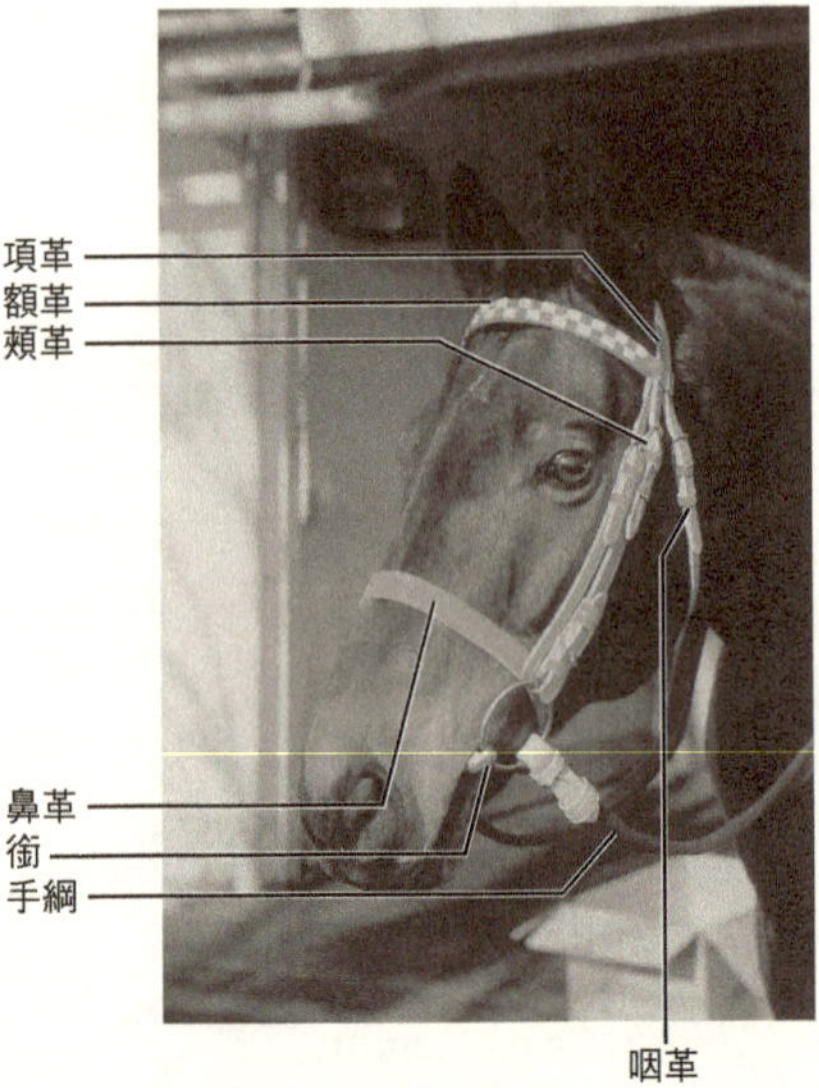

写真3-4　頭絡の各部名称

頭絡

頭につける馬具を総称して、頭絡《とうらく》と呼ぶ。写真3-4は競走馬の基本的な頭絡だが、後で述べるブリンカー、頬《ほほ》あて、シャドーロール、頭巾なども広い意味で頭絡の一種である。

頬革《ほほかわ》は銜を固定し、上で項革《うなじかわ》とつながっている。鼻革《はなかわ》は頬革を、また額革《ひたいかわ》は項革を、それぞれ

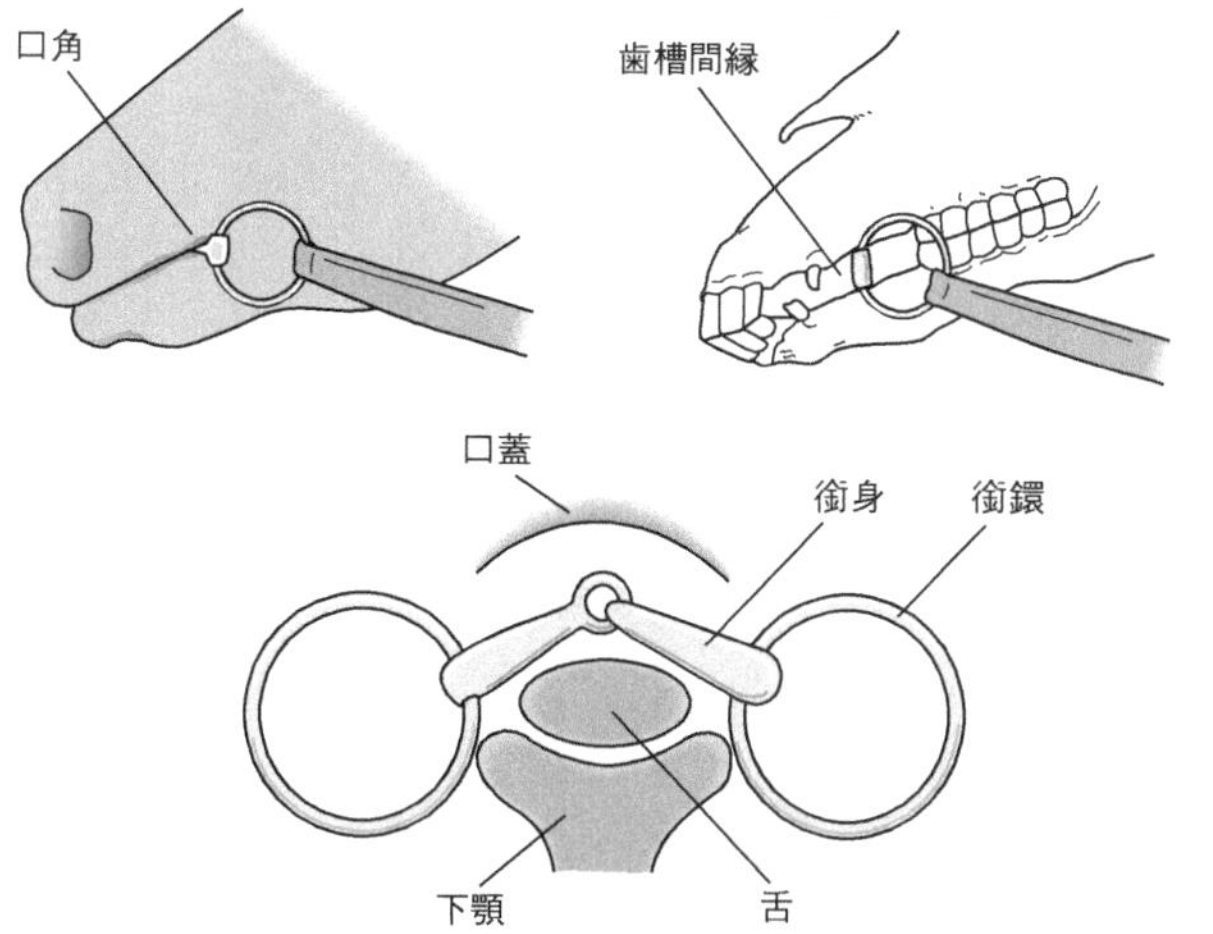

図3-1　銜の位置と水勒銜

固定している。咽革《のどかわ》は項革を固定するとともに、頭絡全体が抜けないように固定している。手綱は銜鐶《はみかん》（手綱鐶《たづなかん》ともいう）につける。

銜の役割

馬には前歯（切歯《せっし》）と奥歯（臼歯《きゅうし》）の間に、歯の生えていない歯槽間縁《しそうかんえん》があり、銜はこのすき間にかませる（図3-1）。競走馬でよく用いられるのが水勒銜《すいろくばみ》（図3-1参照）で、二本の管をつないだ銜身《はみみ》と、それと連結する二本の銜鐶からなっている。

銜は自動車にたとえると、ハンドルとブレーキである。競走馬の進行方向を決めるとともに、競走馬を止める役割を担っている。騎手は銜鐶とつながる手綱で銜を動かし、競走馬をコントロールする。たとえば手綱を引くと、銜が口角を圧迫し、競走馬が前に出ようとする勢いを抑える。これがブレーキとなる。

銜の種類

銜には数百種類あるといわれるほど、形状や材質もさまざまである。競走馬の口の大きさや深さ、舌の大きさ、歯並び、さらには性格も一頭一頭異なるので、それぞれの個性に合わせた結果といえるだろう。

銜身の部分では、一本の管でできた棒銜、板状の板銜などがあり、材質も金属以外にゴムや革なども使われる。また、太さもまちまちで、細いもののほうが馬の動きをコントロールする力が強い。

銜鐶の部分では、卵形をしたエッグ銜や、D字形をしたD銜（写真3-5）などがある。ともに銜身との連結部分を固定して、口角が傷つくのを避けるとともに、口内における銜身のズレを防ぐ。

さらに、D銜には別の効用がある。銜鐶が競走馬の頬と接する面が大きくなるので、コントロールする力も大きくなる。

たとえば、競走馬が左によれようとしたとき、これを立て直すために騎手は右の手綱を引く。

すると衔が右側に引かれて、馬の左側の頬に力がかかる。つまり、D字形の直線部分がしっかりと頬を押さえ、騎手の意図を明確に伝える。

D字形の直線部分が枝のように飛び出した枝衔《えだはみ》になると、D衔よりもさらに頬を押さえる力が強くなる。枝衔の枝にもさまざまあり、枝が長いほど競走馬を制御しやすい。写真3-6は枝が上下両方についている両枝衔である。

リング衔（写真3-7）は、「舌が衔を越す」悪癖に対して使われる。本来、衔身と下顎《したあご》の間にあるべき舌が衔身の上に出てしまうと、衔の操作が利かなくなるので、リングで舌を下顎に押さえつける。

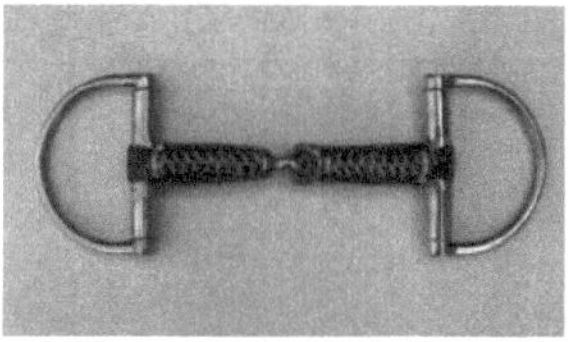

衔身に革が巻いてあるものもある。

写真3-5　D衔

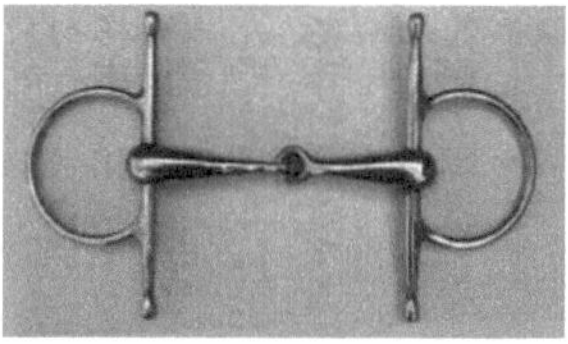

枝が長いほど制御力が強い。

写真3-6　両枝衔

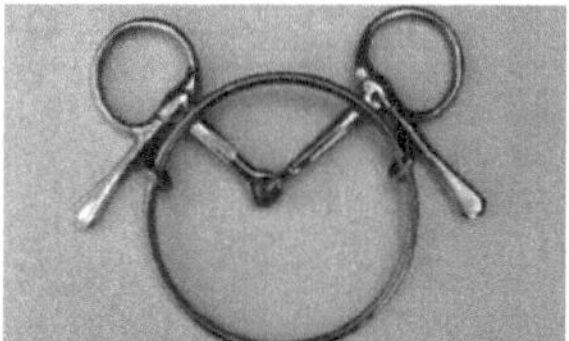

舌が衔を越して正しい衔受けをしない馬に使用する。

写真3-7　リング衔

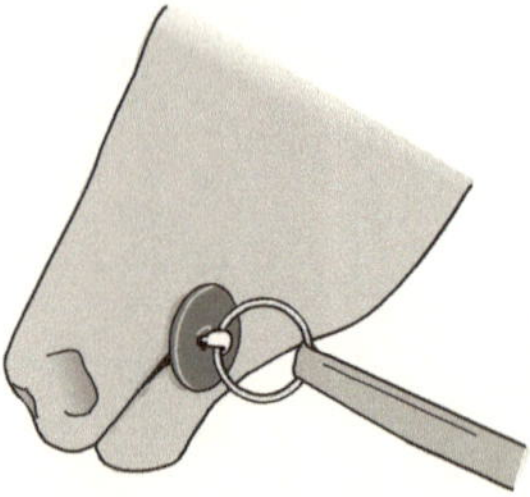

図3-2　ビット・ガード

項革と銜の両端を結んで、顔面の中央を通るゴム製のバンドが銜吊。銜に強く抵抗する競走馬に対して効果が高い。

写真3-8　銜吊を着けるミスターシービー

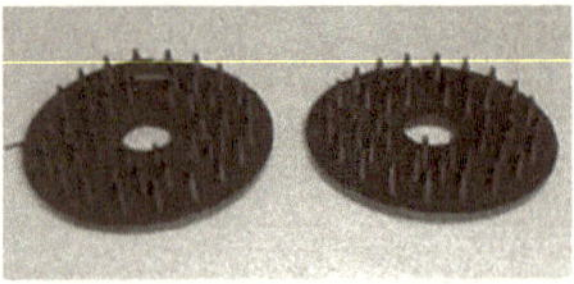

ゴムの突起が頬を刺激し、強い抑制力をもつ。

写真3-9　イタイタ

銜の補助具

「舌が銜を越す」競走馬に対して、補助具の銜吊《はみつり》を使う場合もある。三冠馬ミスターシービーがつけていたので有名になった銜吊は、銜を上顎に固定するバンドで、項革から鼻梁《びりょう》を通って両側の銜に結ばれている。顔面中央にゴム製のバンドがあるので、ゴムの圧力が心理的な抑制作用にもなって、銜に強く抵抗する競走馬に対して効果が高い（写真3-8）。

　銜身の端につけるゴム製の頬あて（銜革《はみかわ》ともいう）には二種類がある。

ビット・ガード（図3-2）は、競走馬の口角を保護したり、銜鐶が口の中に入ったりするのを防止する。

もうひとつのイタイタ（写真3-9）は、競走馬の頬に当たる面にゴムの突起や硬いブラシの毛が取りつけられている。これが当たると文字どおり痛いので、内や外によれて走ることを防止できる。

3-2 ブリンカーとシャドーロール

馬の視野

自然界において肉食動物に捕食される立場にある草食動物が生き延びていくためには、危険を察知する能力が不可欠になる。草食動物が顔の両側に目をつけているのは、できるだけ広い視野を確保して敵の接近をいち早く知るためである。

馬の視野は非常に広く、およそ三五〇度もある（次ページ図3-3）。死角になる顔の一部、頭

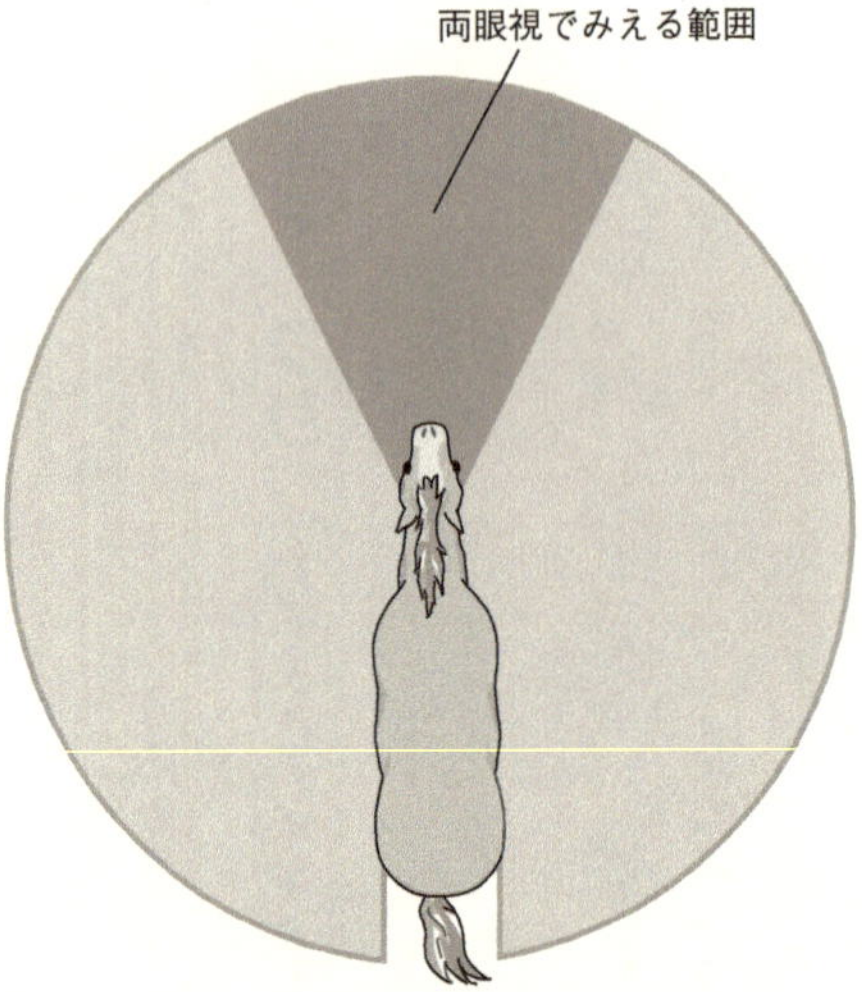

ほぼ350度の範囲をみることができる。

図3-3　馬の視界

の後ろ、そして体の真後ろを除いて、ほとんどすべてがみえている。この視野のなかに不審なものが入り込んできたとき、馬はなによりも先に逃げる行動を起こす。

　こうした馬の先天的な本能は、レースでも変わらない。他の競走馬や騎手の動き、足元に映る自分や建物の影、観客席など、不審なものが視野に入れば、やはり競走馬は逃げ、斜行したり、飛び跳ねたりする。それが度を超すと、まったくレースに集中することができず、能力を十分に発揮できないままレースを終えてしまうことになる。

　そこで、競走馬の視野を制限することによって、レースに集中させようとする馬具がブリンカー（遮眼帯）である。

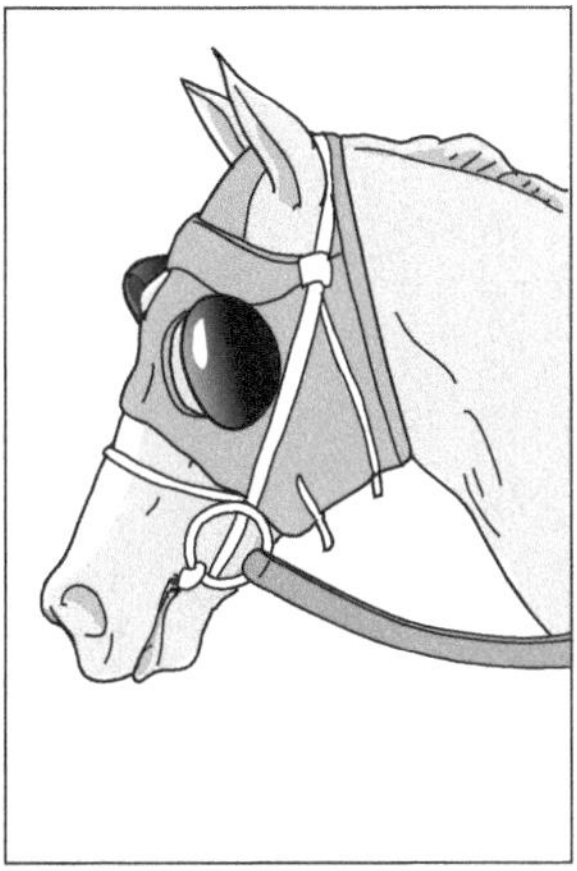

後方の視野も確保できるように後部に穴やすき間が開いているものもある。

図3-4　フル・カップ・ブリンカー

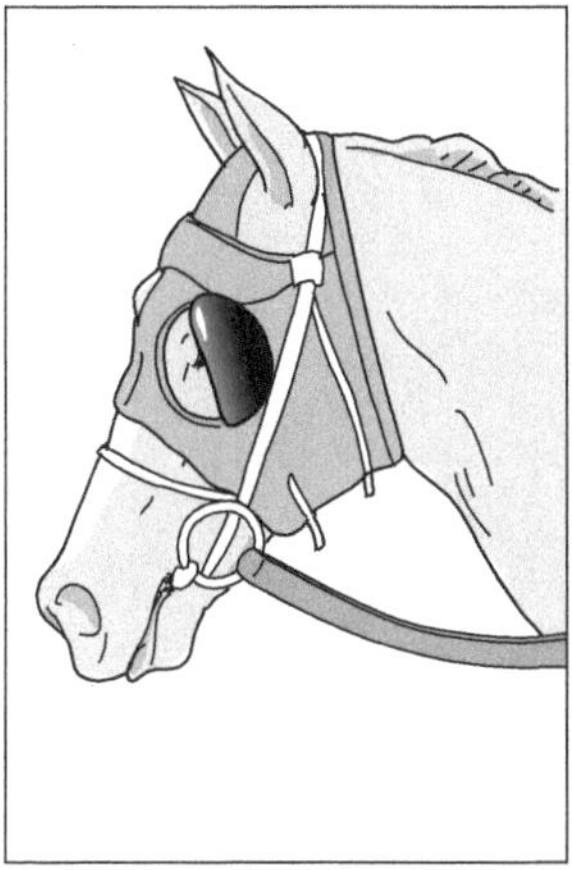

頭巾の目穴の部分に合成ゴムやプラスチック製のカップをつけたものが一般的。

図3-5　ハーフ・カップ・ブリンカー

ブリンカーの種類

ブリンカーは現在、合成ゴムやプラスチック製のカップを、頭巾の目穴の外側に取りつけるのが一般的となっている。

取りつけるカップにも、さまざまな大きさや形状がある。代表的なブリンカーを列挙してみよう。

球を四つに割ったような形のものがフル・カップ・ブリンカー（図3－4）。フル・カップ・ブリンカーよりも前を開けて、さらに視野を広く取れるようにしたのがハーフ・カップ・ブリンカー（図3－5）。カップ状ではなく、まっすぐに突き出た形状のものがフレンチ・カップ・ブリ

ブリンカーとは違って目を保護する馬具。

写真3-10　ホライゾネット

ンカー。ごく狭い前方しか見えないように、カップが大きくせりだしたのがエクステンデッド・カップ・ブリンカーである。

フル・カップ・ブリンカーやハーフ・カップ・ブリンカーなどには、後部にすき間や穴が開いているものがある。これは後方の視野をある程度、確保して、いきなり視界に入ってきた馬に驚かないようにするためである。

ブリンカーによく似た形状をしたものにホライゾネット（写真3-10）がある。頭巾の目穴を透明なプラスチックやメッシュで覆っているが、これは前から飛んでくる土砂から目を保護するためのものである。

なお、さまざまな特殊馬装具のなかでブリンカーについては、事前に使用することを申告し、装着する競走馬を出馬表（レーシングプログラム）に「B」と表示することになった（一九九四年七月一五日から実施）。

その背景には、ブリンカーの使用が競走能力に影響を与えると考えるファンから、公表を求める声が寄せられていたことがある。それまでは、装着の有無を下見所《したみじょ》（パドック）で確認しても、地下馬道や発走地点で着脱する場合があり、ファンはレースにおける使用を正確に把握できない状態にあった。

　一方、諸外国においても、ファンに対する情報提供としてブリンカー装着の公表が広くおこなわれている。

シャドーロールの効果

　羊毛製の帯を鼻革に巻くシャドーロール（写真3-11）は、おもに下方の視界、つまり足元をみえないようにする馬具である。とくに自分やラチ（コースの柵《さく》）の影に驚きやすい競走馬に使用する。

　毛の厚いものを使えば足元がみえなくなるので、その効果が上がる。また色についても、以前のような白一色ではなくカラフルになってきている。

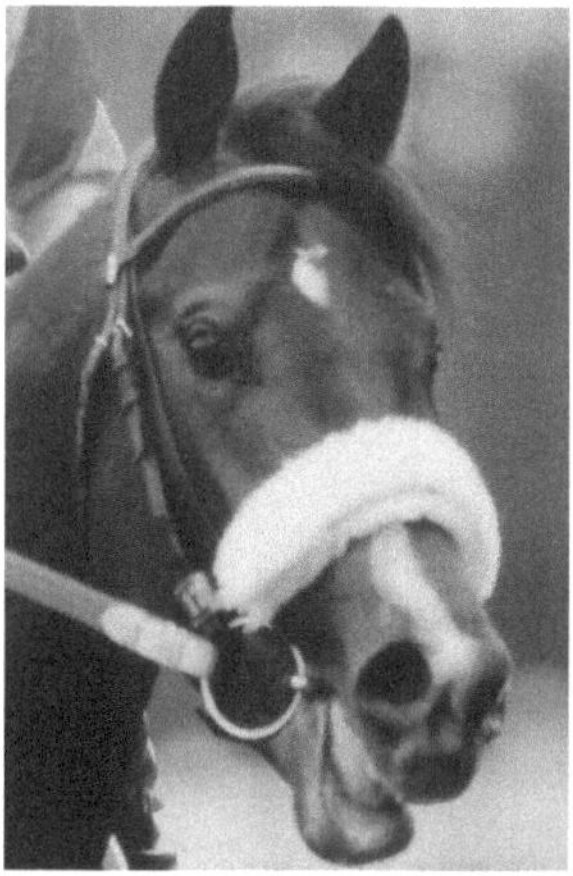

写真3-11　シャドーロール

もうひとつの効果

シャドーロールには、もうひとつ大きな効果がある。

頭を高く上げて走る競走馬の姿勢を、低く矯正することである。シャドーロールをつけると、足元がみえなくなって不安になるため、走行中の競走馬は自然に頭を下げるようになるのである。

頭を高く上げて走る競走馬は、後肢の踏み込みが浅くなり、ストライドが小さくなる。頭を低くすることで、ストライドを伸ばし、効率よく走ることができるようになる。また、こうした競走馬は銜の位置も高いので、騎手の拳《こぶし》も高くなって走行が不安定になる。シャドーロールによって、それも解消できるわけである。またシャドーロールは、鼻革で鼻梁を傷つけないために使用されることがある。

シャドーロールはこのように、複数の役割を果たすことができる非常に有用な馬具のひとつといえるだろう。

その一方で、最近は乗馬などでもカラフルなシャドーロールが使われているが、これはファッションを目的としているようである。

3-3 ウォーミングアップとクーリングダウン

ウォーミングアップの効用

競走馬にとってウォーミングアップとは、よりよい走りを得るための準備である。そのため、レース開始までの時間をどう過ごすか、どうコンディションを整えるかが重要になってくる。

一般的にもウォーミングアップとは、おもに体温や筋温を高めることで、次の三点を期待しておこなわれる。

・神経や筋の活動水準を高める。
・関節の可動範囲を高める。
・集中力を高める。

最終的にウォーミングアップは、本番におけるよりよいパフォーマンスを得られるとともに、故障の予防にも役立つことになる。

5:00	7:30		14:00	14:35	15:05	15:30（発走）
厩舎（トレーニングセンター）	馬輸送	厩舎（東京競馬場）	装鞍所	下見所	馬場内	レース

日本ダービー出走馬・美浦トレーニングセンター在厩の例。

図3-6　レース当日の発走までのタイムテーブル

レース当日朝から発走までの競走馬のタイムテーブルは、当日に輸送される競走馬の場合、ほぼ図3-6のようになる。トレーニングセンターから馬運車《ばうんしゃ》で競馬場に入り、厩舎から装鞍所《そうあんじょ》、下見所を経て馬場入場というのが大まかな流れだが、広い意味ではこの間の運動はすべてウォーミングアップであるということもできる。

ただ、それではあまりにウォーミングアップの範囲が広くなってしまうので、ここでは馬場に入場してからのウォーミングアップについてみてみよう。

スタート直前のウォーミングアップ

多くの競走馬は馬場に入場したあと、数分以内に駈歩《かけあし》（キャンター）をして、あとは常歩《なみあし》（ウォーク）をしながら発走を待つ。このときの、日本の競走馬の駈歩のスピードと距離を調査した結果をみてみよう。この駈歩運動は返し馬と呼ばれている。

まず、駈歩の距離は表3-1のような結果である。

ちなみに、第一、二回ジャパンカップに出走した外国馬の多くは三ハロンから五ハロンであった。

さらにスピードをみると、日本馬はハロン一五秒より速いスピードでウォーミングアップするものが約一五パーセントだったのに対して、外国馬はすべてハロン一五秒より遅いスピードであった。

競走馬は、ハロン一五秒より速いスピードで走ると、無酸素性エネルギー生成機構が働いて乳酸が生成される。第１章で述べたように乳酸は疲労とも関連する物質である。つまり、一部の日本馬はウォーミングアップの段階で無酸素性エネルギーを消費し、疲労をためている可能性が高いのである。

距離	割合
1ハロン	12%
2ハロン	15%
3ハロン	33%
4ハロン	19%
6ハロン	1%

表3-1　返し馬の駈歩の距離（日本の競走馬）

そこで、実際にウォーミングアップの速度と乳酸値の関係を実験で調べてみた。馬場入りから発走までの時間を一五分と設定し、馬場入りの五分後から⑴ハロン一三秒と、⑵ハロン一七秒のグループを、それぞれ三ハロンずつ走らせる。そして、ウォーミングアップ直後と一〇分後（発走時刻を想定した時間）の乳酸値を調べるという方法である。

その結果が次ページ図３-７である。

ハロン一三秒の馬のウォーミングアップ直後の乳酸値は一〇ミ

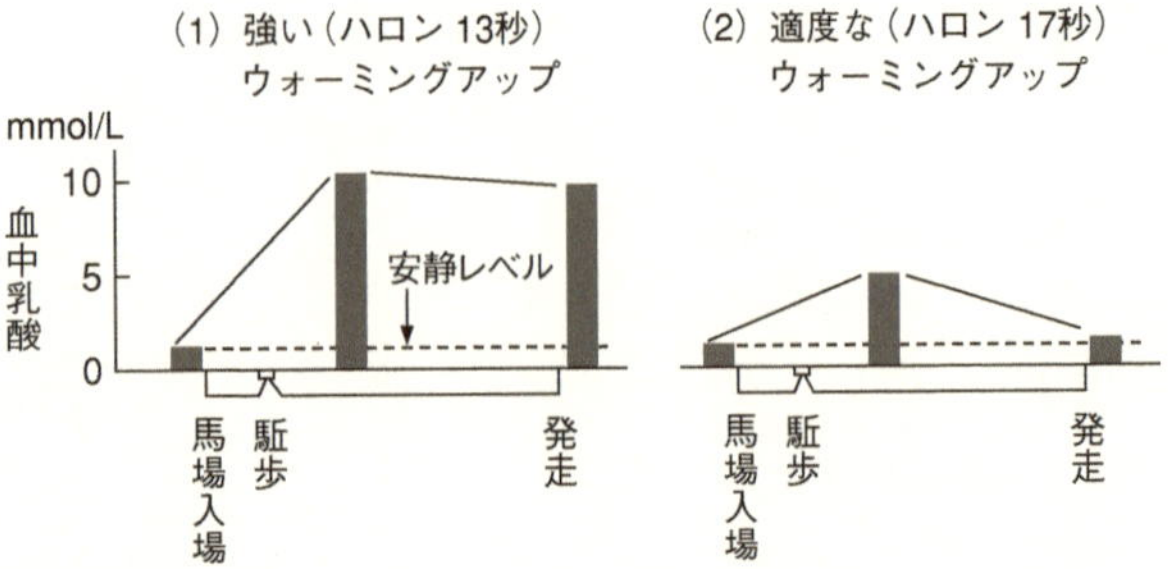

レース前に強いウォーミングアップをした競走馬は、血中にかなりの乳酸を残したまま発走することになる。

図3-7　ウォーミングアップの強度と疲労の関係

リモル／リットルまで上がり、一〇分後にもかなりの乳酸が残っている。一方、ハロン一七秒の馬の乳酸値はウォーミングアップ直後でも五ミリモル／リットル程度であり、一〇分後にはほぼ安静時の値まで戻っていた。

つまり、ハロン一三秒の馬はかなりの疲労を抱えながらレースに臨まなければならないが、ハロン一七秒の馬はほとんど疲労なしにスタートを迎えていることになる。

この結果から、レース前のウォーミングアップはハロン一五秒より遅いスピードで、うっすらと汗をかく程度が好ましいと考えられる。加えて、発走五分前くらいにもう一度ごく軽く走って体温の低下を防ぐのが理想だろう。

返し馬が速く調子がよさそうにみえる馬は、かえって要注意かもしれない。

さまざまなクーリングダウン

ウォーミングアップと並んでコンディショニングで重要なのが、レース後のクーリングダウンである。クーリングダウンとは、運動をおこなって疲労したあとに軽い運動をさせることで、一般には整理運動と呼ばれるものである。

レース後に勝ち馬がスタンド前で観客の声援にこたえてウイニングランをおこなうが、これも一種のクーリングダウンの意味合いが含まれている。また、レース後にコースを軽い駈歩から常歩で回るのも、クーリングダウンである。東京競馬場の場合では、平均すると二〇〇〇メートル近くを走ることになる。その後、検体採取所での曳《ひ》き運動も、優勝馬がウイナーズサークルでぐるぐる回っているのも、広い意味でのクーリングダウンといえる。

クーリングダウンの実態については、第三回ジャパンカップに出走した外国と日本の競走馬について調査した結果がある（次ページ図3-8）。レース日（一一月二七日）ではないが、レース直前の二三日および二四日、調教後の厩舎地区でのクーリングダウンの様子を調べたものである。

この調査では、日本馬のクーリングダウン時間は平均二二分で、外国馬の場合は平均四七分という結果が得られた。当時の日本馬のクーリングダウン時間が、外国馬に比べてかなり短いこと

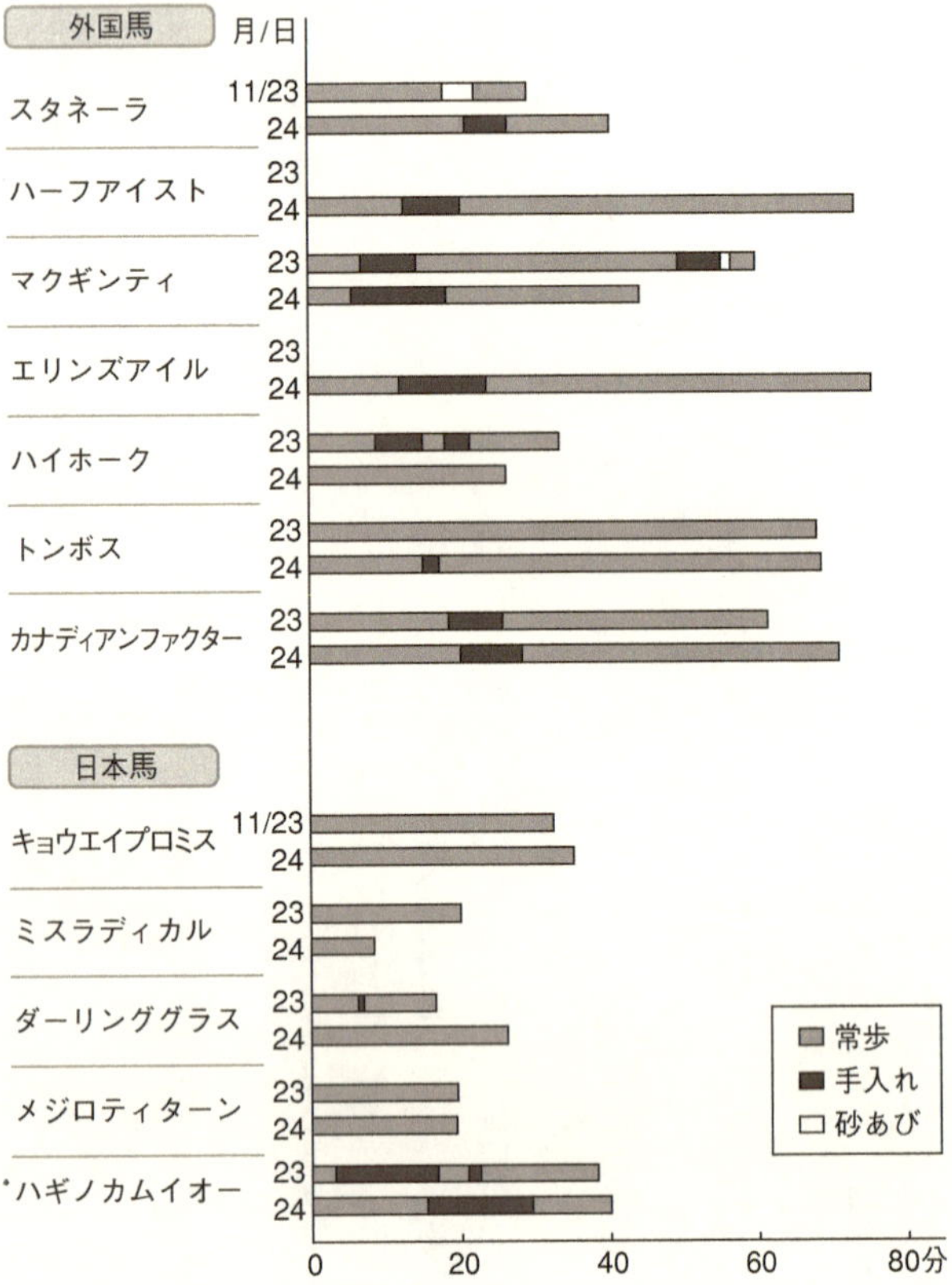

レース（11月27日）前の11月23、24日両日、調教後のクーリングダウンの内容と所要時間を調べたところ、外国馬と比べて日本馬のクーリングダウン時間がかなり短いことがわかった。日本馬のクーリングダウン時間は平均22分、外国馬の場合は平均47分という結果を得られた。

図3-8　第３回ジャパンカップ参戦外国馬と日本馬のクーリングダウン調査

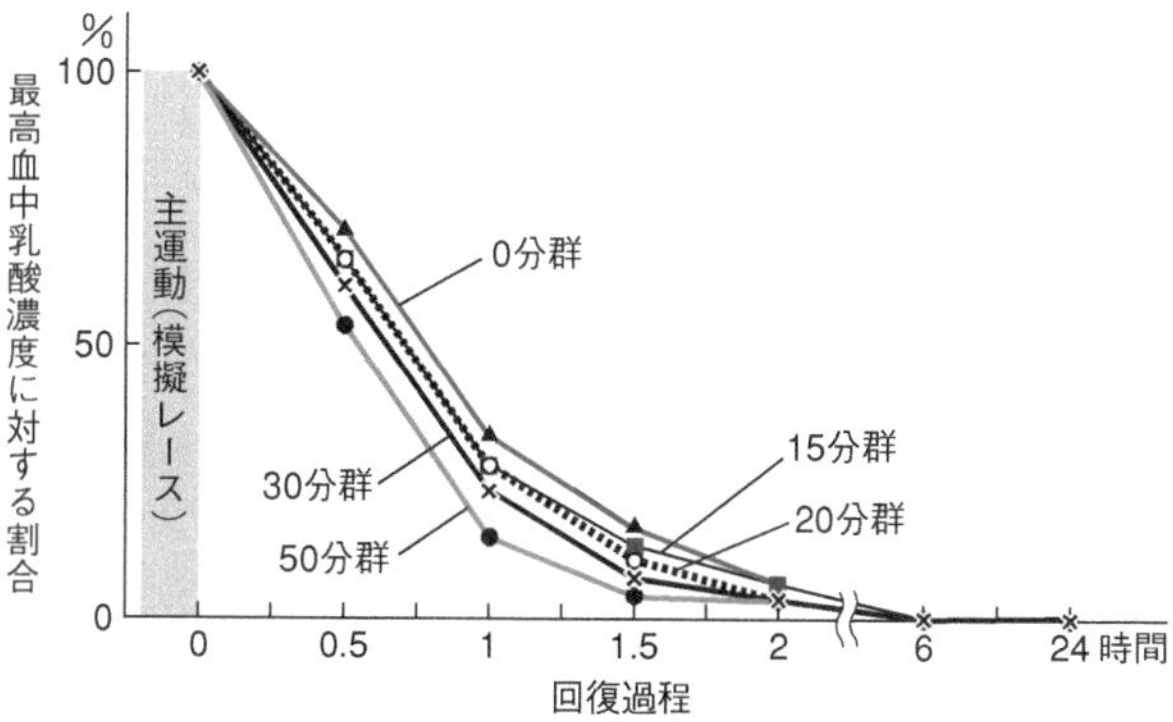

クーリングダウン時間が長いほど、疲労回復が早いことがわかる。

図3-9　クーリングダウンと疲労回復の模擬実験

がわかる。最近は日本馬のクーリングダウン時間も長くなる傾向があるが、それでも外国馬ほどに長くおこなう馬は少ないようである。

なぜクーリングダウンが大切か

では、クーリングダウンの時間によって何が変わるのだろう。研究馬を用いてのクーリングダウンの模擬実験をした結果が図3-9である。

この実験は、まず一〇〇〇メートルの模擬レースをおこない、ゴール後のクーリングダウン時間の違いが馬体に与える影響を五つの群に分けて調べたものである。ゼロ分群とはゴール後すぐに馬房に入れて休ませたもの、一五分群、二〇分群、三〇分群、五〇分群は、それぞれの時間を常歩したあと馬房に入れて休ませたもので、その血中乳酸値を測定している。

その結果、クーリングダウン時間、つまり常歩による運動時間の長いものほど、乳酸の消失が早いことがわかった。

レース後の疲労の蓄積は、馬体への影響だけではないとの見方がある。あまりに疲労が長引くと「レースは疲れる、嫌なものだ」という感覚を馬がもつかもしれないのである。場合によっては、次のレースの馬場入りを嫌がり、走る意欲をなくしてしまうことにもなりかねない。

疲労はできるだけ速やかに回復させるべきであるといえる。レースの終わりは、次のレースの始まりでもあるのだから。

3-4 表情を読む

表情は情報伝達手段

競走馬を速く走らせるためには、その感情や意思を人間がつかむ必要がある。

人間は言葉という情報伝達手段が発達したので、表情や仕草から相手の気持ちを読み取る方法が退化してしまった。

しかし、動物たちは言葉の代わりに、表情や仕草で相手の気持ちを察することができる。本来、馬は攻撃的ではなく、逃げることによって自分の身を守ってきた動物なので、敵だと思えばすぐに逃げる。相手の微妙な表情や仕草の意味を理解するのは、馬の護身術のひとつなのかもしれない。

逆にいえば、人間が注意しさえすれば、馬の気持ちや情報を表情や仕草から理解することも可能なのである。

さまざまな表情

馬の表情は、耳や鼻など顔の部位の変化によくあらわれる。

典型的な表情とその意味を列挙してみよう。下見所での馬の気持ちを推し量ることができるかもしれない。

・耳を伏せる……敵意をもち、かんだり、けったりしようとするときの表情である。そのとき、鼻や口も引きつり、目を大きくむいている。耳を立て、穏やかな目つきになるまで近づかないほうがいい（次ページ写真3-12）。
・左右の耳がばらばらに動いている……不安で落ち着かないときの表情である。

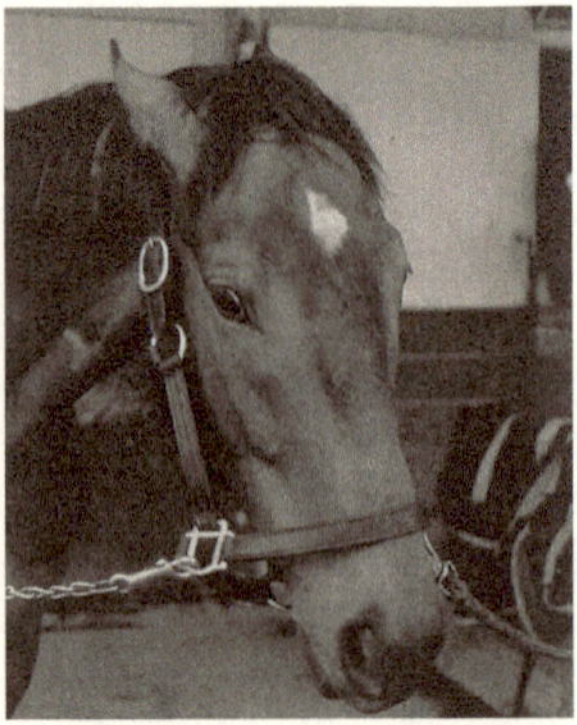

写真3-12　耳を伏せる

写真3-13　耳を立て、じっと見つめている

・耳を立て、じっと見つめている……見慣れないものや、聞き慣れない音などに注意を払っているときの表情である（写真3-13）。

さらに、驚いているときは体を硬直させて頸を高く上げ、鼻腔《びくう》を大きく開いて「フー」と息を吐きながら尻尾《しっぽ》を高く上げる。

また、速歩をしていれば、空中に浮きながら弾むような歩き方をする。

・鼻が伸びている……気持ちいいときの表情である（写真3-14）。

かゆい部分をかいてもらったりしていると、このうっとりとした表情がみられる。

・笑っているような表情（フレーメン）……タバコの煙や酢、アルコールなど刺激のある珍しいにおいをかいだときに、この表情をする（写真3-15）。これは馬だけでなくウシやヒツジにもみられる。また、求愛行

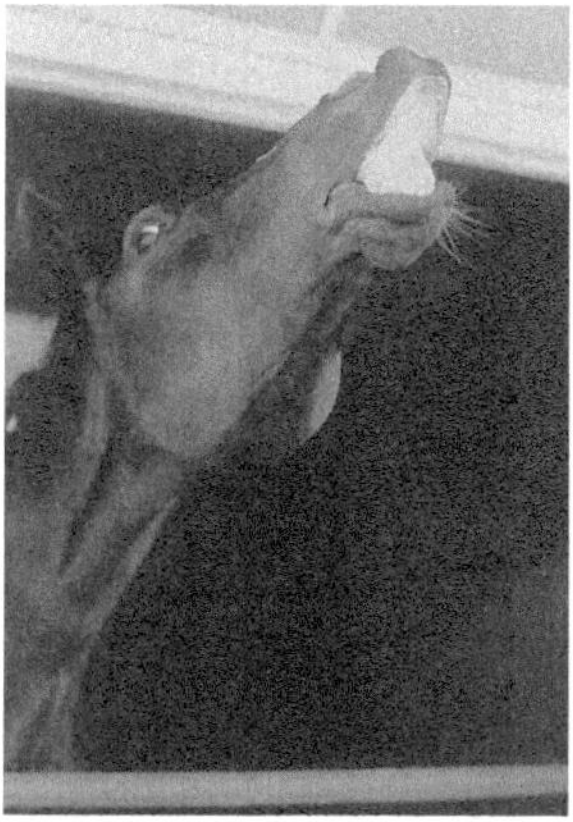

写真3-15　フレーメン

写真3-14　鼻が伸びている

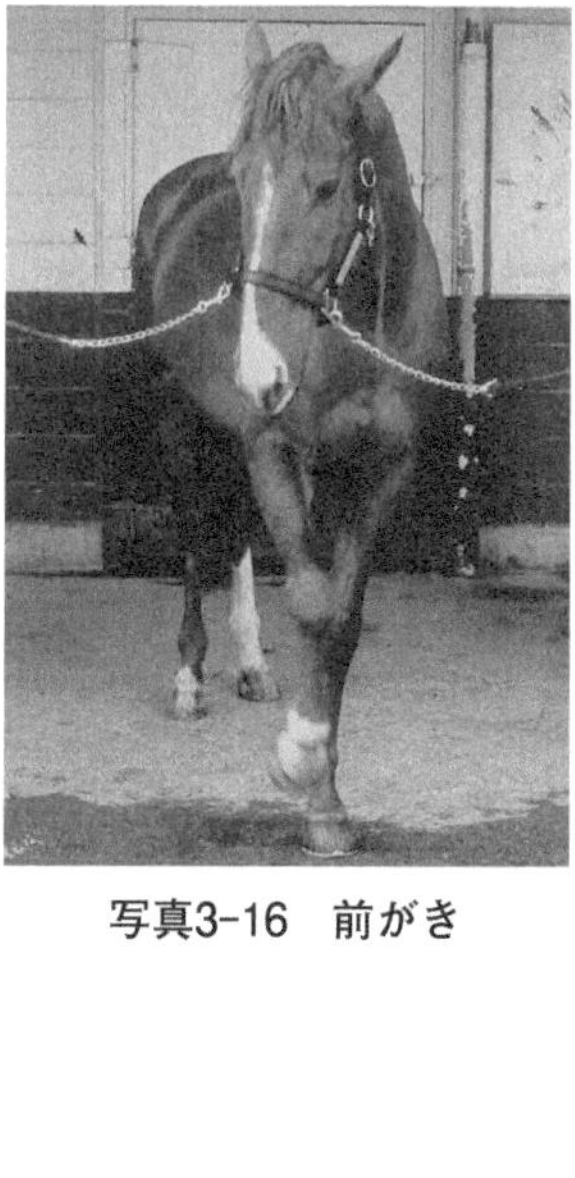

写真3-16　前がき

動のときにも同じ表情をする。
・前がき……前肢で地面をかく仕草だが、餌《えさ》か水がほしいときにみられる（写真3-16）。
さらに元気がなく、腹のほうをのぞきこんでいるときは、腹が痛いことを訴えている。

第4章

速く走るための健康管理

三冠馬ナリタブライアン
（写真は1994年菊花賞優勝時）

4-1 競走馬のためのスポーツ栄養学

勝つためのエネルギー補給

スポーツ選手が競技で好成績をあげるための栄養管理、いわゆるスポーツ栄養学が注目されている。これを競走馬に応用する研究はまだ始まったばかりだが、現段階で解明されている内容を明らかにしていこう。競走馬のスポーツ栄養学、つまりレースで勝つための栄養学である。

競走馬の運動に必要なエネルギー源は、筋肉に蓄えられている筋肉グリコーゲンや、脂肪組織のなかのトリグリセライド（脂肪）だが、レースのような短時間の激しい運動では筋肉グリコーゲンに依拠している（図4-1）。馬体内に蓄えられているグリコーゲンの九〇パーセントが筋肉中にあり、体重五〇〇キログラムの馬では三~四キログラムにもなる。

一方、意外なことに、グリコーゲンはレースにおいても全体量の二〇~三〇パーセントしか使われていない。その理由は、もともと筋肉中の蓄積量が多いことと、使い果たす前に筋肉疲労が

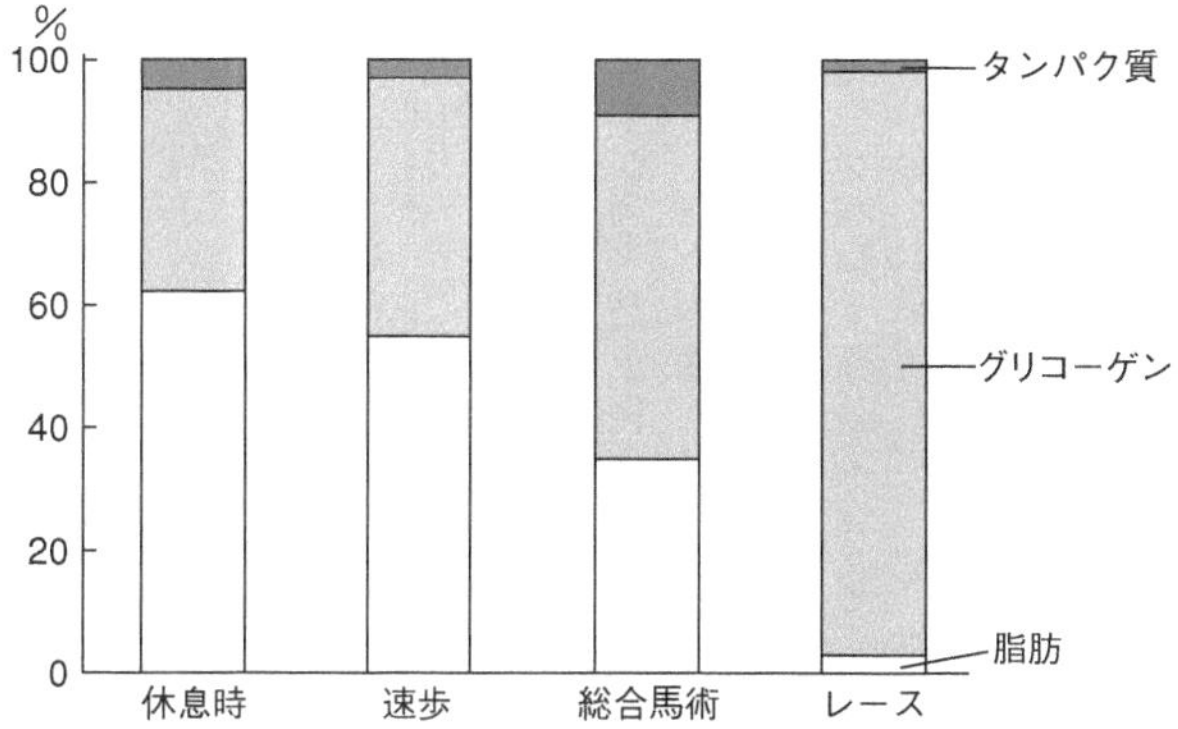

レースに必要なエネルギー源は筋肉グリコーゲンに頼っている。

図4-1　各エネルギー源の利用割合

大きくなるためと考えられる。しかし、このことは、不足分を補充する必要がないという意味ではない。筋肉グリコーゲンが不足した場合は運動能力が低下することが明らかになっているし、また筋肉グリコーゲンは筋肉の活動だけにしか使われないうえに、筋肉グリコーゲンを筋肉同士でやりとりすることができないからである。したがって、あらかじめレースで使われるすべての筋肉に、グリコーゲンを満タンにしておくことが重要となる。

ところで、グリコーゲンを合成する原料となりやすいのはデンプンで、飼料のなかでも穀類に多く含まれる。飼料として体内に入ったデンプンはただちにグルコースとして小腸に吸収され、血液の流れに乗って血糖値を上昇させる。これによってインスリンが分泌され、インスリンがまた筋肉に対してグリコーゲンの合成を刺激する。つまりインスリン濃度が高いうちは、レースのときに必要なグリコーゲンの消費（分解）とは逆の反応が起こってしまうのである。たとえば出走直前に穀類を与えるなどは、エネルギー補給としては逆効果なのである。

それでは、レースの何時間前に飼料を与えるのがいいのか。結論からいえば出走五〜八時間前で、このときインスリン濃度が絶食時と同程度に低くなる。このタイミングが、勝つためのエネルギーを最大限に利用できることになる。

勝つための水分補給

運動によって筋肉を使うと熱が発生するが、四二度を超えると筋肉のタンパク質の変性が起こる。そのため馬は危険な状態になる前に熱を放出するが、全体の約七〇パーセントを汗と呼気によって放出している。水分が蒸発するときに奪われる気化熱を利用しているのである。しかし、気化熱を利用すると多量の水分が馬体から失われる。そこで、馬には清潔な水がいつでも飲めるようにする必要がある。表4-1のように馬は自身の要求に任せて必要な水を飲み、失った水分を補給できる。

人間の汗は水分がほとんどで、電解質が失われることは少ない。しかし馬では、汗とともに体液に含まれている電解質が多量に流出し、その量は人間に比べてはるかに多い。電解質とは電気

〈穏やかな気候条件下（非運動時）〉

水分摂取量（L/日）	
飲水	25
飼料	2
代謝*	2
合計	29

水分損失量（L/日）	
糞	16
尿	5
汗・呼気	8
合計	29

〈暑熱気候条件下（中～重運動時）〉

水分摂取量（L/日）	
飲水	41
飼料	2
代謝*	2
合計	45

水分損失量（L/日）	
糞	16
尿	5
汗・呼気	24
合計	45

*消化管内で生成される水分

暑いときの運動は汗や呼気による水分損失量が増加するため、飲水によって水分摂取量を増やす必要がある。

表4-1　気候による水分バランスの違い

的に分解されて血液や細胞内外の液に溶けているミネラルで、ナトリウム、塩素、カリウムが多く、微量ながらカルシウム、マグネシウム、リンなども含まれている（次ページ表4-2）。電解質は、細胞内外を通過することによって正常な神経と筋肉活動を維持するという重要な役割を果たしているので、不足した場合には疲労、筋肉の強直やけいれん、心拍に合わせてのしゃっくりなどが起こる。

体液中の電解質の濃度やバランスは、ホルモンや腎臓の働きによって調節されていて、不足分はミネラルの貯蔵庫である骨から補充される。したがって汗で失う電解質の補給が適切におこなわれないと、骨に異常をきたすことになる。

電解質の補給については、毎日給与する飼

電解質　　（単位）	濃度	
	馬	人間
ナトリウム　（g/L）	3～3.7	0.75
カリウム　（g/L）	1.2～2	0.18
塩素　（g/L）	5.9～6.2	1.2
カルシウム　（g/L）	0.08～0.24	0.04
マグネシウム（g/L）	0.024～0.2	0.024～0.05
リン　（mg/L）	＜10	

表4-2　馬の汗に含まれるミネラルとその濃度

料のなかに食塩を入れる。食塩はナトリウムと塩素からなるので、もっとも安価な供給方法である。その給与量は、馬体重を五〇〇キログラムとして、一日当たり一〇〇～一五〇グラムが適量となる。また発汗の多い夏は、最低でも一五〇グラムが目安となる。塩一握りが四〇～五〇グラム相当なので、これを一日三回給与すると適切な量になる。塩素は、この食塩の給与によってほぼ充足される。

カリウムは牧草に多量に含まれているので、乾草を自由に摂取している馬では十分に供給される。乾草は大腸で消化されるときに多くの水分を生成するので、水分バランスにも有利に働く。ただし、これはあくまでも長時間おこなう運動の場合についていえることであり、レースのような短時間の強い運動の場合には避けるべきである。なぜなら、乾草の消化には時間がかかるからである。そのため、出走直前に乾草を摂取させると、単に負担重量が増えるだけでなく、レースで総動員すべき血液の一部が消化管に停滞してしまう。

レースでの疲労

レースによる疲労の原因は、次のようにまとめられる。

まず、エネルギー源の枯渇である。筋肉活動に必要なエネルギー源、すなわちＡＴＰ（筋肉収縮に必要なエネルギーを直接供給する高エネルギーリン酸化合物）、クレアチンリン酸、グリコーゲンなどの消耗が進み、運動を続けられなくなる。

次に、疲労物質の蓄積である。エネルギー代謝産物である乳酸、乳酸の分解産物である水素イオン、筋肉内の代謝によって生成されるアンモニアなどが蓄積する。これらは、筋肉収縮に重要な役割を果たす酵素の働きを抑制して、ＡＴＰの産生や供給を低下させたり、筋肉の電気的興奮度を低下させたりする。

さらに、体内の恒常性のアンバランスも疲労の原因となる。発汗や呼気によって体内から水分や電解質が多量に失われると、体内のバランスがくずれ、疲労が生じる。また電解質の損失は、神経刺激の伝達や筋肉収縮の変調を招く。これらの影響によって疲労が進行する。

最後に、脳（中枢）の疲労である。筋肉グリコーゲンが枯渇すると、アミノ酸のロイシン、イソロイシン、バリンがエネルギー源として利用される。その結果、血液中に遊離しているアミノ酸のバランスが変化し、脳に移行するトリプトファンというアミノ酸の量が増加する。このトリプトファンは脳内でさらに変化し、セロトニンという物質になる。セロトニンは視床下部からのホルモン分泌を抑制したり、自律神経に影響を与えたりして脳中枢の疲労を促進する。

勝つための疲労回復

これらの疲労をできるだけ早く回復して慢性疲労を避けるためには、以下の対策が効果的である。

まず、清潔な水と塩の補給である。新鮮で清潔な水をつねに飲めるようにするとともに、飼料のなかに一日当たり一〇〇～一五〇グラムの食塩を給与する。

次に、穀類によるエネルギー補給。消費したグリコーゲンを再び蓄積するために、エネルギー補給に即効性のある炭水化物を含む飼料、すなわちエンバクなどの穀類を摂取させる。甘みのもとであるグルコース（糖類）もレース後のエネルギー補給として効果がある。

競走馬の嗜好性《しこうせい》も重視する。レースのあとには、食欲が落ち、栄養素の吸収が低下する場合がある。しかし疲労回復のためには、その日のうちに栄養を摂取する必要があるので、好んで食べる飼料配合が最適となる。エンバクなどの穀類と添加飼料や糖蜜《とうみつ》が混合されたマッシュを釜《かま》で炊くか湯を加えて蒸らして与えるのは、消化によく馬も好むので効果的な方法である。

ビタミンB群（B_1、B_2、B_6など）は、疲労回復に効果がある栄養素である。多くの飼料中に含有されてはいるが、その濃度が低いので、含有量が高い酵母などを給与する。酵母のビタミン含有量は、エンバクに比べてB_1は一三倍、B_2は二二倍、B_6は一三倍ある。

最後は、良質な乾草の給与である。乾草には、汗とともに失われるミネラルのうちカリウムが多く含まれている。なかでも、その他のミネラルやタンパク質を多く含む良質のアルファルファ乾草が最適といえる。葉が多くついているものが好ましい。

飼料を給与するタイミングは、レースの六〇～九〇分後に少量の穀類を含むものを与え、さらに二～三時間後（トレーニングセンター到着後）に穀類を含む飼料を与えるとよい。

4-2 競走馬の職業病を防ぐ

骨折

二〇〇四年のJRA（日本中央競馬会）所属の競走馬の骨折率は出走延べ頭数の約一・三パーセントだった。骨折の多くは四肢《しし》の腕節《わんせつ》から蹄《ひづめ》までの骨に発生している（次ページ図4-2）。そ

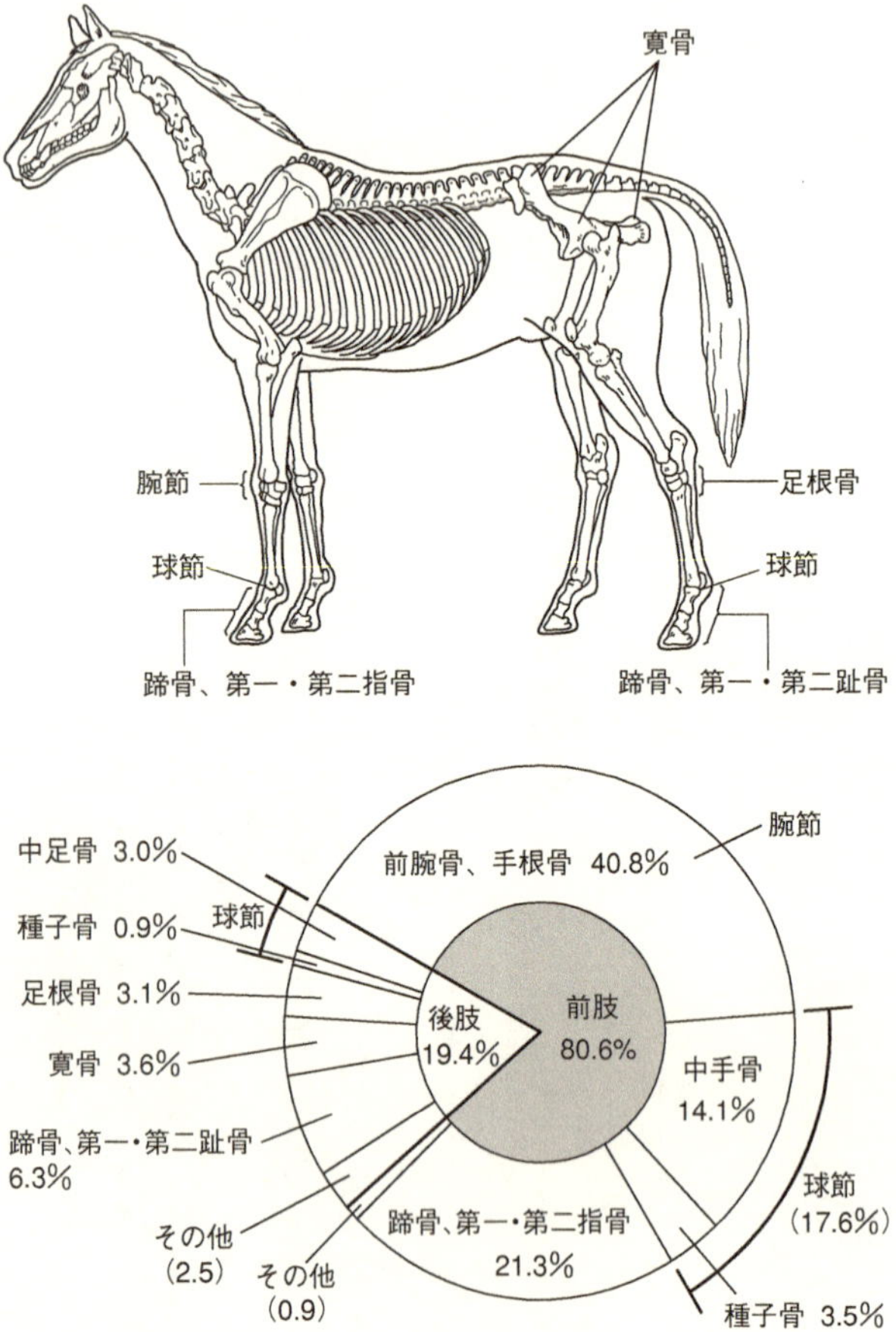

腕節は、競走馬が最大スピードで疾駆するときに横方向からみると弓なりになる。このとき、腕節を構成する7つの手根骨が押しつけられて骨折すると考えられる。競走馬の手術のほとんどは、この腕節に起きた骨折の骨片摘出手術である。

図4-2　骨折の多発部位

の八〇パーセント以上が前肢の骨折で、それぞれ球節《きゅうせつ》（中手骨《ちゅうしゅこつ》と種子骨《しゅしこつ》）が一八パーセント、腕節（前腕骨《ぜんわんこつ》と手根骨《しゅこんこつ》）が四一パーセントを占めていた。これは、レースにおいて前肢と後肢にかかる荷重が六対四と前肢の割合が大きいからで、一本の肢で約一トン近い荷重を受けるためである。

骨の内部構造は骨梁《こつりょう》と呼んで、梁《はり》が網の目のように海綿状に張り巡らされ、荷重を分散させる構造になっている。骨折した骨を調べると七〇パーセントにこの海綿状態がみられず、コンクリートのように硬い骨硬化《こつこうか》という病変がある。また、四〇パーセントに小豆大の虫食いのような骨の壊死《えし》がある。骨硬化や壊死がある骨は力学的に弱く、もろい内部構造になっていて、骨折のほとんどはこれらの病変部で発生している。

また、骨の周囲には骨をサポートしている靭帯《じんたい》や腱《けん》、血管、そして末梢《まっしょう》神経などの軟らかな組織がある。骨折した競走馬を病理学的に調べると、こうした組織に腱炎や腱の変性、関節症、多発性神経症（線維脱落）がみられ、年齢や出走の期間、回数に比例して増える傾向がある。これらの病変も骨折に関与していると考えられる。

骨折の治療のためには完全休養の期間が必要となる。骨折の部位や程度によって休養の長さはさまざまだが、手術による傷が少ない関節鏡（内視鏡の一種）を用いた手術や、折れた骨をくっつけるボルトを使った手術によって治癒期間を短くする方法が進んでいる。これら新しい手術方

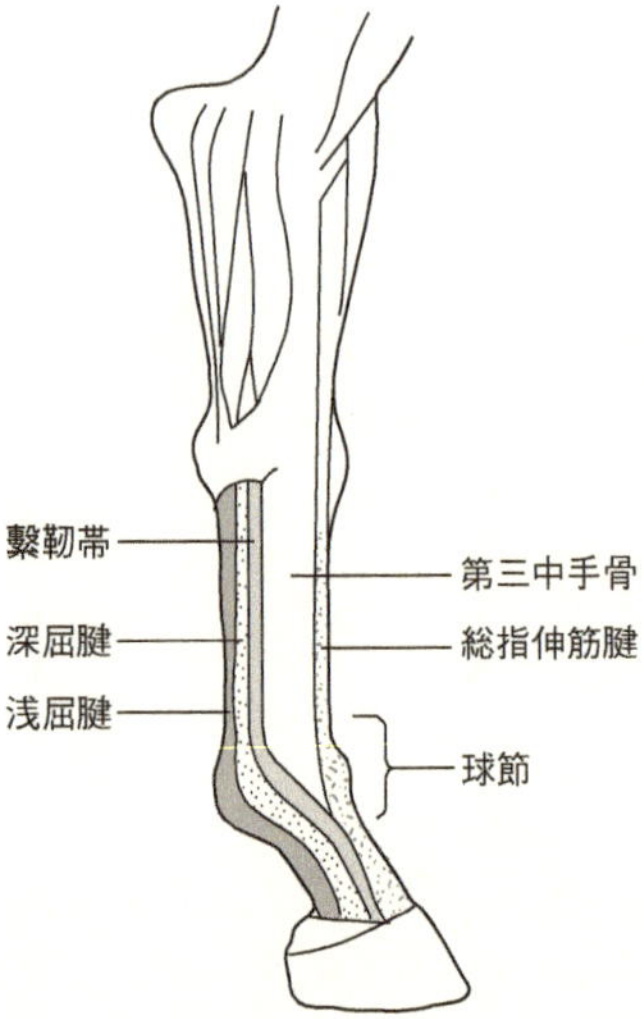

図4-3　馬の前肢下部の腱の分布

法では、痛みも早くなくなるうえ骨の癒合も進むのでリハビリも短縮できる。つまり、早い復帰が可能になるわけである。

屈腱炎

屈腱炎《くつけんえん》は、競走馬の職業病と呼ばれるだけでなく、不治の病ともいわれている。屈腱炎によって、アグネスタキオン、ビワハヤヒデ、ダンスインザダーク、タニノギムレット、キングカメハメハなどの名馬が競走生命を奪われている。毎年、延べ九〇〇頭前後の競走馬を襲う屈腱炎は、完治までに長い時間がかかるうえ再発の可能性が高いので、引退を余儀なくされる場合が多い。

屈腱炎はおもに前肢の球節を支えている二種類の腱（浅屈腱《せんくつけん》、深屈腱《しんくつけん》）に発症する（図4-3）。走行中に前肢に体重がかかると球節が沈んで衝撃を緩和するが、屈腱が必要以上に引き伸ばされると腱を構成する細い線維が部分的に断裂することがある。そうすると、損傷部分が熱を

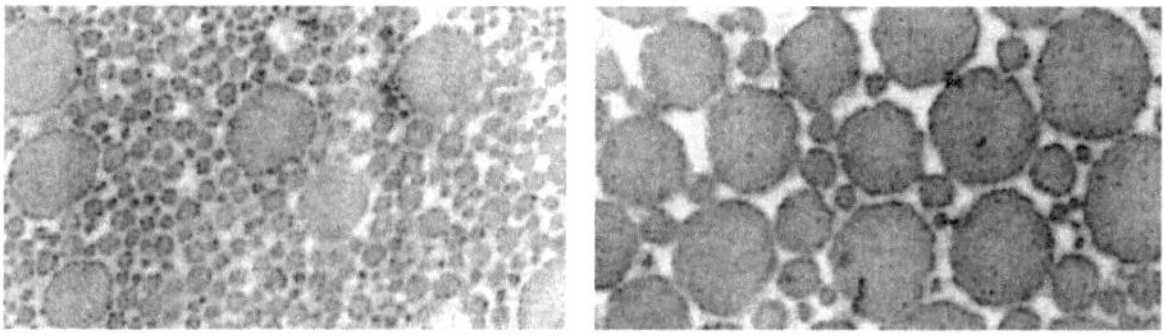

一定期間、保温した組織　　調教後、すぐに冷却した組織

写真4-1　腱のコラーゲン線維の電子顕微鏡写真

もち、痛みによって跛《は》行《こう》する場合もある。その九割近くが皮膚に近い浅屈腱で発症し、患部がエビの腹のように腫《は》れるので、厩舎ではエビとかエビハラと呼んでいる。

このように、従来は過度の荷重や不正着地などのアクシデントが屈腱炎の原因であると考えられていたが、最近の研究によってアクシデントが臨床的な発症の引き金とはなっても、主たる原因は「腱の疲労」にあることがわかった。腱の疲労とは、厳しいトレーニングやレースによって蓄積された腱線維の変性と考えられている。

屈腱炎にかかった競走馬を詳細に調べたところ、発症した肢とは反対側の、正常なはずの肢にも病的な異変が発見された。これは、屈腱炎はもともと両前肢に発症する病気であるということを示している。

腱線維の変性を誘発する要因のひとつが熱である。競走馬が高速で走るとき、腱には熱と力学的なストレスが加わる。走行中の屈腱中心部の温度は四五度にも達する。ところが、腱線維をつくっているコラーゲンはタンパク質であるため熱に強くない。

電子顕微鏡写真（写真４－１）で比べると、運動後に保温していた

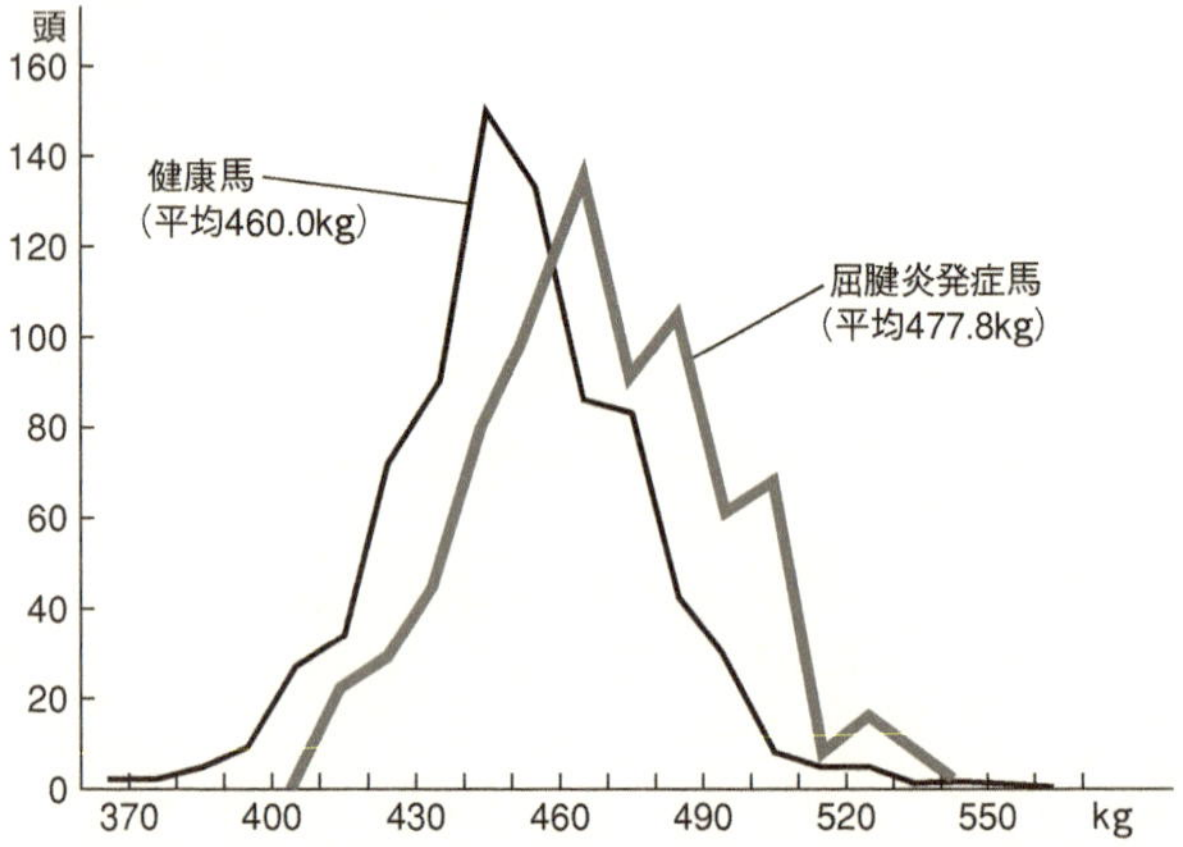

屈腱炎を発症した馬は、健康な馬と比べて体重が明らかに重い。

図4-4　屈腱炎発症馬と健康馬の出走時体重（牡馬）

腱線維は、冷却していた腱のそれと比べてきわめて細くなっている。細くなった腱線維は物理的な強度が低下して、屈腱炎が発症しやすくなるわけである。

その他の要因として体重も見逃せない。図4-4は屈腱炎を発症した馬と健康馬の出走時の平均体重を比較したものだが、一見して発症馬の体重が重い。このデータは牡馬《ぼば》（雄馬）のものだが、牝馬《ひんば》（雌馬）についても同じ結果が出ている。体重も屈腱炎の要因といえるだろう。

ソエ（管骨骨膜炎）

ソエは正式には管骨骨膜炎と呼ばれ、前肢の第三中手骨（管骨）にできる、骨本体とその周囲にある軟部組織の炎症をいう。患部は熱をもち、痛いので、馬は触ると嫌がったり、反抗的になったりする。

症状の軽重はあっても、ほとんどの競走馬はソエになるといわれ、その多くは二歳馬に発症する。子馬の骨は未成熟で、まだ十分に硬くない。それが肢先から化骨（骨が成熟して硬く丈夫になること）が始まり、満五〜六歳で完了する。満二歳のころは、ようやく膝上《ひざうえ》あたりまで化骨が完了した状態で、成長途中の骨に調教による大きな負荷がかかるのでソエが発症する。

ソエはそれほど深刻な病気ではないといわれるが、重くなってくると骨に目にみえないひびのような骨折が数多く生じて、骨が腫れ上がった状態になることもある。軽症ならば調教量を減らし、馬の負担を軽くする。

ソエになると冷やしたり、レーザー治療を施す場合もあるが、根治療法ではない。ソエのいちばんの治療は休養させることで、完治させるには長期休養が必要になる。

ソエにかかる競走馬を減らすために、ＪＲＡは調教コースを改良した。衝撃が少ないウッドチップ馬場や、前肢の負荷が少ない坂路《はんろ》コースを整備することにより、ソエを発症する競走馬の数は激減した。

スクミ

日常的に起きるコズミ（筋肉痛）は心配ないが、コズミがひどくなってスクミという状態になると、かなり深刻である。スクミは全身にきわめて重度の筋肉痛やけいれんが起きて歩行が困難になる状態で、獣医学では横紋筋融解《おうもんきんゆうかい》症候群と呼ばれている。横紋筋線維が溶けて筋色素（ミオグロビン）が尿中に排出され、尿が赤く染まる症状がみられる。

スクミはいつもより強めの調教をおこなった日の午後や、その翌日に発症しやすく、馬は呼吸ができないくらい苦しくて動けなくなってしまい、発症から半日で死に至るケースもある。また、コズミとスクミは紙一重で、コズミがひどくなると一気にスクミを起こしてしまう場合がある。

4-3 温泉リハビリ

プール調教

競走馬は職業病である肢の故障が病気の六〇パーセント近くを占め、長い休養の原因となっている。休養中は当然調教ができないばかりか、病気が治っても休養前の体力に戻すには相当な時間がかかる。そこで、四肢に負担をかけないで休養中の体力を維持する方法としてプール調教が取り入れられた。

まず、一九七五年に競走馬総合研究所常磐《じょうばん》支所に外周約五〇メートル、深さ三メートルの円形プール（写真4－2）が長期休養馬のリハビリテーション用として開設され、続いて八八年には栗東《りっとう》トレーニングセンター、九一年には美浦《みほ》トレーニングセンターに、それぞれプールが完成している。

空き缶の音にせかされ、なんとか泳ぐヒシミラクル。

写真4-2　円形プール

水中の馬体は、深さに応じて一定の水圧を受ける。たとえば、大気が一気圧のときに水深一メートルでは一・一気圧（水圧）となる。体のなかでも、とくに胸腔《きょうくう》に加わる圧力が増えるため、吸気の際に胸腔を広げる動作は水の抵抗を受け、それを押しのけるための努力が必要となる。水泳中の馬は鼻翼を大きく開いて、激しく空気を吸い込む呼吸をしている。この努力性呼吸が肺活量、換気量の増大をもたらす。

プール調教による心機能の変化をみると、調教初期に分速約六〇メートルで三二〇メートルを泳がせると、一分間に一八〇近くまで心拍数が上がる。それが、五週間後（中期）には一七〇以下、さらに一〇週間後（後期）には一六〇前後で泳げるようになり、心機能の向上ぶりがわかる。

このような変化は肺での酸素の取り込み量でもみられ、プール調教が進むとともに同じスピードで泳ぐときの呼吸数が減少する。馬の心肺の働きが強まり、有酸素運動能力、いわゆる持久力が増強されるのである。

また、馬の体の比重は〇・九五と水よりも軽いため水中に沈むことなく、前進するための推進力を四肢の動きで生み出せば泳ぐことができる。しかし、水泳運動では前進するときに水の抵抗を受けて、これに反発する力も必要になる。水泳運動では効率よく短時間で全身の筋肉を鍛錬することができるわけである。

ヒシミラクルの温泉リハビリ

競走馬総合研究所常磐支所には、近くのいわき湯本温泉から源泉が引かれている。この温泉は日本三古泉のひとつにも数えられ、「含硫黄―ナトリウム―塩化物・硫酸塩温泉」という珍しい泉質の温泉である。効能として神経痛、筋肉痛、関節痛、打ちみ、くじき、冷え性、病後回復、

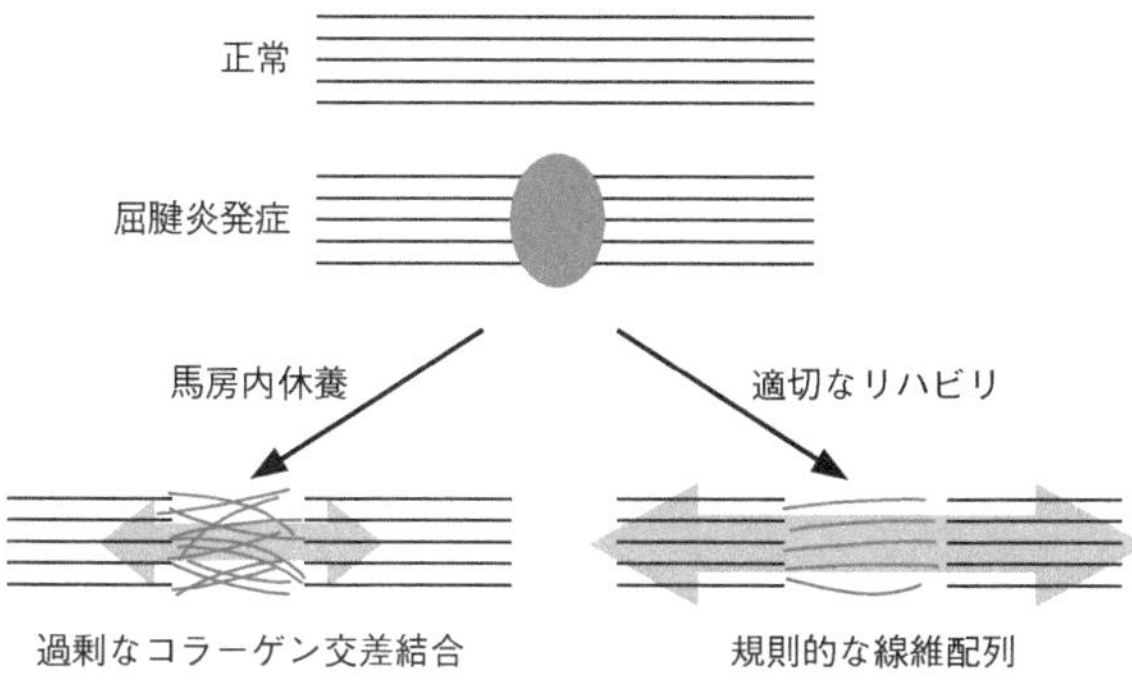

屈腱炎を発症した競走馬は、馬房で休養させるだけよりも、適当な負荷をかけるほうが腱線維が正常になることがわかってきた。

図4-5　屈腱の修復

疲労回復、健康増進などが挙げられている。実際に競走馬の疲労回復や、骨折、屈腱炎、関節炎などの治療にも効果があり、リハビリとレースへの復帰をめざして、故障した競走馬が送り込まれている。

二〇〇三年の京都大賞典のあとで、繋靭帯炎《けいじんたいえん》を発症したヒシミラクルがここにやってきたのは、その年の一〇月末のこと。最近の研究で、腱・靭帯炎の回復には適当な時期に適当な負荷をかけることが重要であることがわかってきた。図４-５でわかるように、むしろ適切なリハビリによってこそ腱線維が正常に近い状態に回復できる。ヒシミラクルの場合もけっして軽症ではなかったが、復帰をかけてリハビリに挑んだ。

次ページ表４-３が、ヒシミラクルのリハビリ計画である。退所（通常の調教）まで九ヵ月を目

1ヵ月目	WWM15分間
2ヵ月目	曳き運動15分間 ＋ WWM15分間
3ヵ月目	騎乗常歩15分間 ＋ WWM15分間
4ヵ月目	騎乗常歩30分間 ＋ WWM15分間
5ヵ月目	騎乗常歩30分間 ＋ WT（速歩）
6ヵ月目	調馬索運動（速歩）1週間実施後 速歩800mから1週間ごとに400m増加
7ヵ月目	速歩1600m ＋駈歩400mから2週間ごとに400m増加
9ヵ月目	通常調教へ

WWM：ウォーターウォーキングマシン
WT：ウォータートレッドミル

表4-3　腱・靭帯炎発症馬リハビリ計画

標としている。そこで、八ヵ月目を迎えて順調な経過をみせている退所目前のヒシミラクルの一日を追ってみよう。

リハビリの一日

ヒシミラクルの一日は朝五時の飼い葉から始まる。調教中の競走馬は運動のあとで飼い葉を与えるので、療養中の生活はここから異なる。七時前後から準備運動として乗り運動が始まり、七時半ごろから駈歩《かけあし》に移る。常磐支所の馬場の一周は四〇〇メートル。ヒシミラクルは駈歩で五周、二〇〇〇メートル走る。駈歩による調教を始めた七ヵ月目ごろは馬場一周だったが、二週間に一周ずつの割合で距離を延ばしていった。

二〇分くらいで馬場調教を終えると、ウォーターウォーキングマシン（WWM）に入る。WWMは冷水を満たした直径一二・五メートル、深さ約四〇センチメートルの円形プールのなかを歩く機械で、ここで下肢部を冷やしながらクーリングダウンをおこなう。WWMは、リハビリ初期のトレーニングにも使われている。ここから出た後は、しばらく馬房《ばぼう》に戻って体を休める。この間におやつを与える。

午後はプール調教から始まる。ヒシミラクルはプールが好きではないらしく、泳ぎもうまくない。この日は一周泳ぐのに四八秒かかった。リハビリ馬の平均が三四～三五秒、速い馬は二〇秒台で泳ぐ。

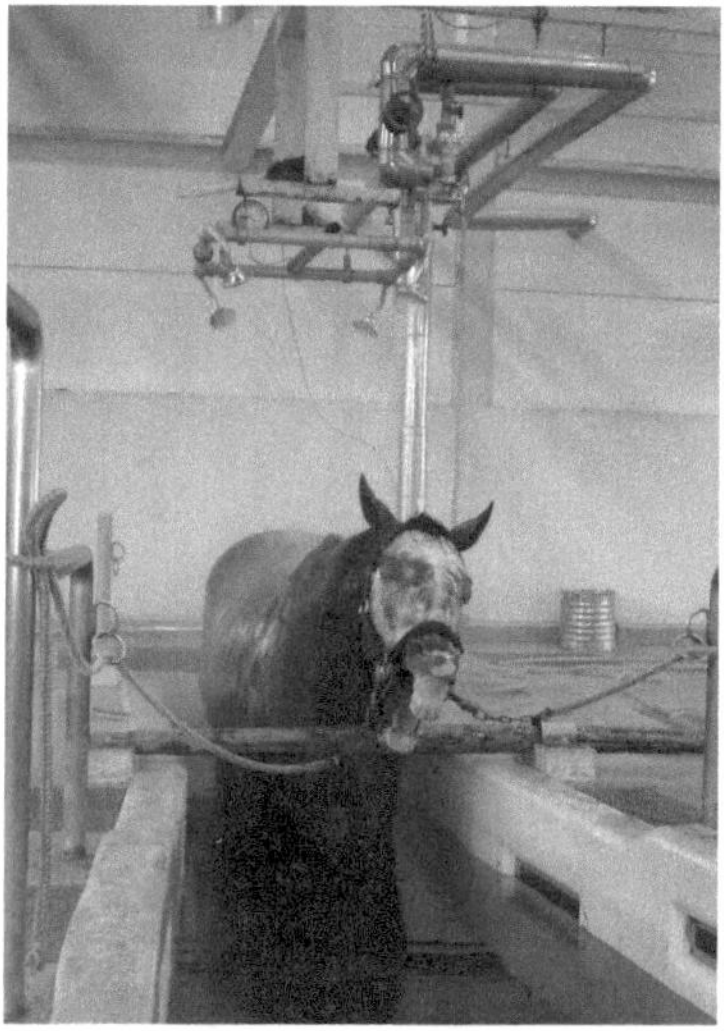

あくびをして気持ちよさそうなヒシミラクル。

写真4-3　温泉治療

一〇分ほどのプール調教を終えると、いよいよ温泉治療に移る。浴槽は一頭分の大きさで、湯は肘《ひじ》くらいまで張る。そして、肩と背中、腰にシャワーで打たせ湯をかける（写真4-3）。

温泉に一〇分ほどつかって、一日のリハビリは終了する。ただし、馬によってはウォータートレッドミル

（WT）によるトレーニングをおこなう。WTは、ベルトの上を走るトレッドミル運動を水深一・二メートルの水槽のなかでおこなうトレーニングで、陸上で速歩《はやあし》をおこなう前段階のトレーニングになる。まず、常歩《なみあし》を五分、速度を上げて速歩を五分、再び常歩に戻して五分と計一五分の運動をおこなう。

最後に、レーザーなどの物理療法やエコー検査を受けて、馬房に戻ることになる。治療や検査を終えた午後三時ごろに、午後の飼い葉が与えられる。

このような治療でレースに復帰した競走馬は、二〇〇五年一二月一〇日現在で二〇四一頭にもなる。

第5章

速い馬場とはこういう馬場だ

牝の三冠馬メジロラモーヌ
（写真は1986年オークス優勝時）

5-1 馬場とレコードタイム

皐月賞レコードを生んだ馬場

着順が最重要視される競馬でも、たまにレコードタイムが話題になる。そのとき、記録を出した競走馬や騎手に関心が集まりがちだが、馬場の状態が新記録を生み出す一因になっている場合も少なくない。

二〇〇二年四月一四日の皐月賞《さつきしょう》（二〇〇〇メートル）で、ドイル騎手騎乗のノーリーズンが出した一分五八秒五というレコードタイムが話題になった。皐月賞としては一九九四年のナリタブライアンを〇秒五上回る新記録、中山競馬場の二〇〇〇メートルではコースタイ記録となる。これを検証してみると、記録を生み出した理由のひとつに馬場の良好な状態が挙げられるのである（表5-1）。

まず、この年の中山競馬場の開催をみると、正月競馬が東京競馬場に振り替わっていた。開催

年度	勝ち馬	競馬場	天候・馬場	タイム
1983	ミスターシービー	中山	雨・不良	2:08.3
84	シンボリルドルフ	中山	晴・良	2:01.1[1)]
85	ミホシンザン	中山	晴・やや重	2:02.1
86	ダイナコスモス	中山	晴・良	2:02.1
87	サクラスターオー	中山	晴・良	2:01.9
88	ヤエノムテキ	東京	晴・良	2:01.3
89	ドクタースパート	中山	晴・不良	2:05.2
90	ハクタイセイ	中山	曇・良	2:02.2
91	トウカイテイオー	中山	曇・やや重	2:01.8
92	ミホノブルボン	中山	雨・良	2:01.4
93	ナリタタイシン	中山	晴・良	2:00.2[1)]
94	ナリタブライアン	中山	晴・良	1:59.0[2)]
95	ジェニュイン	中山	曇・やや重	2:02.5
96	イシノサンデー	中山	晴・良	2:00.7
97	サニーブライアン	中山	晴・良	2:02.0
98	セイウンスカイ	中山	晴・良	2:01.3
99	テイエムオペラオー	中山	雨・良	2:00.7
2000	エアシャカール	中山	曇・やや重	2:01.8
01	アグネスタキオン	中山	晴・良	2:00.3
02	ノーリーズン	中山	晴・良	1:58.5[1)]
03	ネオユニヴァース	中山	小雨・良	2:01.2
04	ダイワメジャー	中山	晴・良	1:58.6
05	ディープインパクト	中山	晴・良	1:59.2

注：１）皐月賞レコード　２）コースレコード

皐月賞レコードタイムを出して話題になった2002年のノーリーズンばかりでなく、コースレコードなど新記録を生み出した原因を検証してみると、晴天に恵まれたうえでの良好な馬場状態も理由のひとつに挙げられる。さらに新記録を出した1984年のシンボリルドルフ、93年のナリタタイシン、94年のナリタブライアンのレースのほかに、２分を切った2004年のダイワメジャー、05年のディープインパクトについても同じことがいえる。

表5-1　皐月賞勝ちタイムの変遷

がひとつ少なかったことになる。また、天候に恵まれ、それまでの開催日に雨が一回も降っていなかった。開催日に雨が降ると、どうしても馬場の損傷が激しくなる。とくに3～4コーナー内側は、芝がまったくない状態になることもあるが、この日は十分に芝が残っていた。

競走馬は、荒れた芝を走るのを嫌う。内側の芝が荒れていれば外側を通りたがる。しかし、内側の芝の状態がよければ、当然、大回りする必要がないので走る距離が短くなり、タイムが速くなる。事実、二〇〇二年の皐月賞では、例年になく3～4コーナーでも内柵《うちさく》沿いを走る競走馬が多かった。

こうした状況から判断すると、馬場の良好な状態もあいまってレコードタイムが生まれたといえるだろう。

ところでJRAでは、競走距離を内柵から一メートルの地点で計測している。皐月賞で、もしこの地点から五メートル外側を走るとなると、何メートル余分に走ることになるだろう。

皐月賞は中山競馬場を一周（一六〇〇メートル）と四〇〇メートル走る。直線コースは内側も外側も同じ距離なので、それを除く二つのカーブ部分でほぼ円となると計算して、二π（円周率＝三・一四）×五メートル＝三一・四メートルが、多く走った距離となる。この数字をみても、内側を走るといかに記録につながる可能性があるか理解できるだろう。

馬場状況と競走馬の走り

記録と馬場の関係については、内・外のほかに「時計が速いのは馬場が硬いため」という考えがある。たしかに、硬い馬場は走行タイムが速い傾向にあるが、「時計の速い馬場＝硬い馬場」とは必ずしもいえない。芝が密に生えそろって、クッションの効いた状態でも速いタイムを記録することがある。

また、「硬い馬場は事故のもとになる」という考えもあるが、これも誤った認識である。実際に、時計の速いレースで事故が多発するという傾向はない。競走馬は馬場が硬ければ硬いなりの、軟らかければ軟らかいなりの走り方をする。これから肢《あし》を着こうとする場所の状態が、競走馬の予想どおりであれば、危険はさほど高くない。

しかし、硬かったり軟らかかったり、また凹凸があったりした場合に、競走馬の肢は競走馬自身の予想とは違う動きをしてしまう。これがもっとも事故につながりやすい。

馬場は競走馬にとって走りやすく、より安全でなければならない。重要になるのが、馬場の均一性である。馬場のどの部分も同じ状態でなければならない。では、競走馬にとって、走りやすく安全な馬場とは、どんな馬場なのだろう。

5-2 馬場の構造と素材

馬場は築造材料別に芝馬場、ダート馬場、ウッドチップ馬場などに分かれる。JRAが運営する全国一〇競馬場では、このなかで芝馬場とダート馬場だけが競走用として使用されている。ウッドチップ馬場は衝撃を和らげ、競走馬の肢を守るのに適しており、おもに調教コースで使われている。

芝馬場とダート馬場の構造

図5-1は芝馬場とダート馬場の構造断面図である。ともに、土台となる、硬くしっかりした基盤（路床）の上が三層構造になっている。

まず、ダート馬場をみてみよう。表層のクッション砂の厚さに注目してほしい。競走馬がダート馬場を走るとき、蹄《ひづめ》は衝撃を和らげるクッション砂のうえにのるわけではなく、砂をはじき飛ばしながら沈み込む。ところが、それだけでは蹄が後ろに流れてしまい前に進みにくい。競走馬

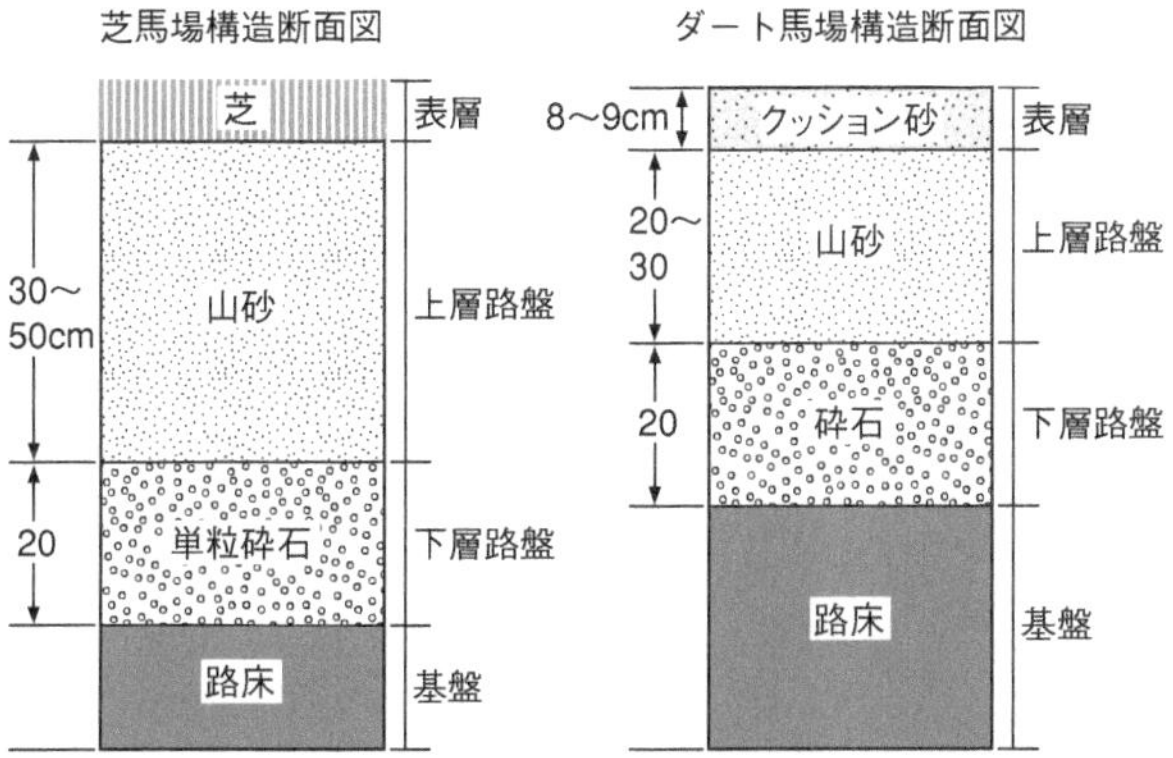

図5-1　芝馬場とダート馬場の構造断面図

が走りやすくするためには、蹄に引っかかりが必要になる。その役割を果たすのが、上層路盤の山砂である。つまり、クッション砂の八〜九センチメートルは、競走馬の爪先《つまさき》が山砂を引っかくために必要な厚さとなる。

芝馬場にも同じような配慮がなされている。表層の芝の根元も引っかかりになるが、より効果を高めるため、上層路盤の上部については山砂にピートモスやモスライトを混ぜている。両者は植物繊維を多量に含んだ園芸用の土壌改良材で、その繊維が根とともに肢をしっかり受け止める。

また、上層路盤の山砂には直径三ミリメートル以下のものが使われている。これより大きいと跳ねて後ろに飛ぶ危険性があり、またこれより小さすぎると水はけが悪くなる。

芝草とクッション砂

芝馬場の表層に使う芝草には寒地型と暖地型がある（図5－2）。また、芝馬場には野芝型と洋芝型がある（図5－3）。

日本の在来種の野芝は暖地型であるため、夏の暑さには強いが、冬の寒さには弱く葉が枯れてしまう。そこで、中山競馬場のように野芝と洋芝を併用する競馬場が多い。これをオーバーシード型といい、野芝と洋芝を季節によって切り替えるウインターオーバーシード型と、両方を一年中共存させる混生型の二つの方法がある。中山競馬場などがおこなっているウインターオーバーシード型は、野芝の葉が枯れる前の九～一〇月に洋芝の種をまいて冬の間だけ利用し、四～六月には除草剤で洋芝だけを除去して野芝を育てる。洋芝を利用している冬期でも野芝の根や地下茎は地中で生きており、これが競走馬の肢の衝撃をやわらげ、また前方へのけりだしを支える大切な役割を果たしている。

ＪＲＡの競馬場では洋芝型は北海道の札幌競馬場と函館競馬場、野芝型は新潟競馬場だけで、他の七つの競馬場はオーバーシード型を採用している。洋芝型の二つの競馬場はともに北海道にあるので、芝草は寒地型を使用しているわけである。

ダートコース表層のクッション砂には、現在ほとんどの馬場で海岸近くで吹き上げられた海砂

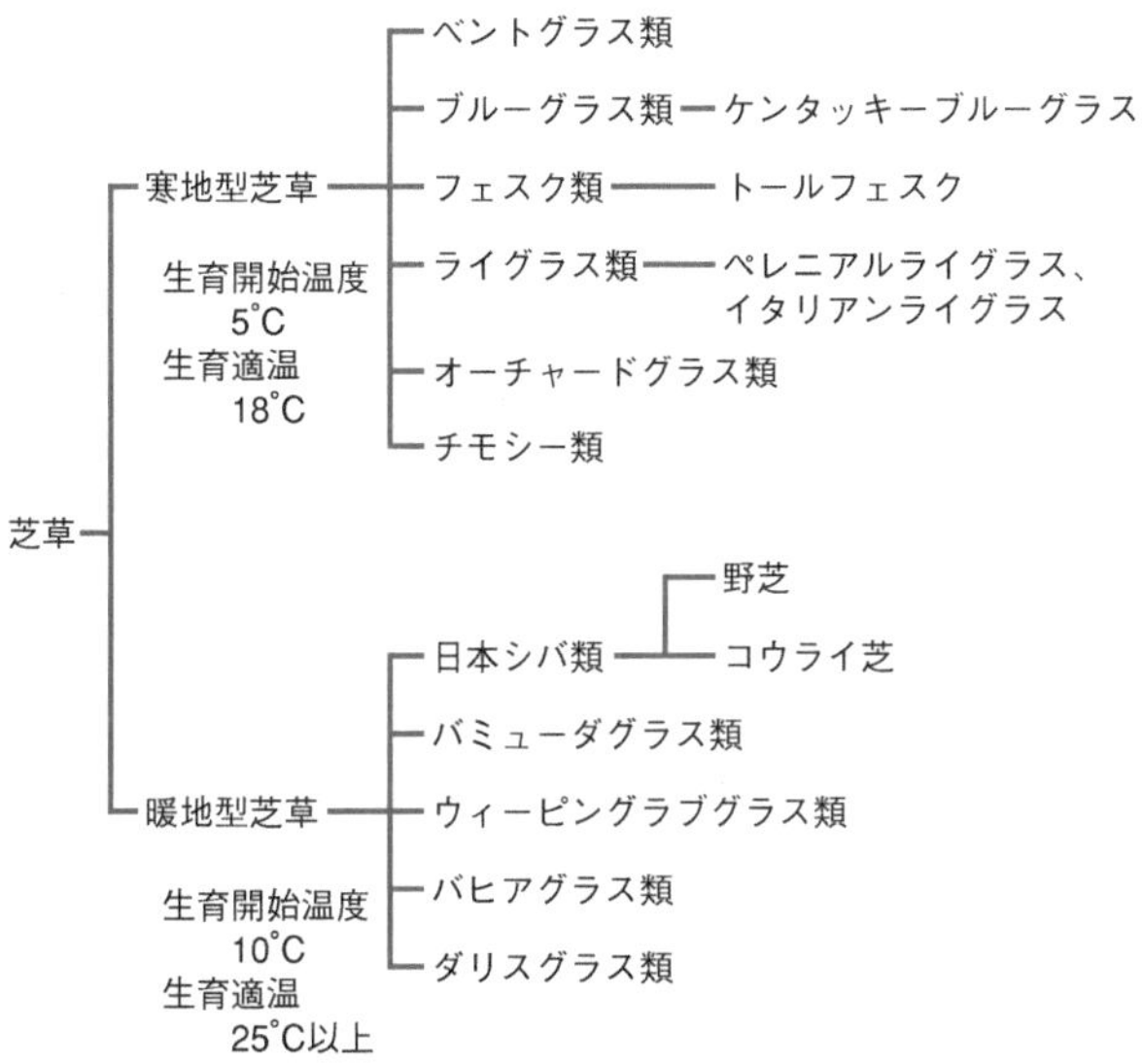
芝草
寒地型芝草
生育開始温度
5°C
生育適温
18°C
ベントグラス類
ブルーグラス類
ケンタッキーブルーグラス
フェスク類
トールフェスク
ライグラス類
ペレニアルライグラス、
イタリアンライグラス
オーチャードグラス類
チモシー類
暖地型芝草
生育開始温度
10°C
生育適温
25°C以上
日本シバ類
野芝
コウライ芝
バミューダグラス類
ウィーピングラブグラス類
バヒアグラス類
ダリスグラス類

図5-2　芝草の分類

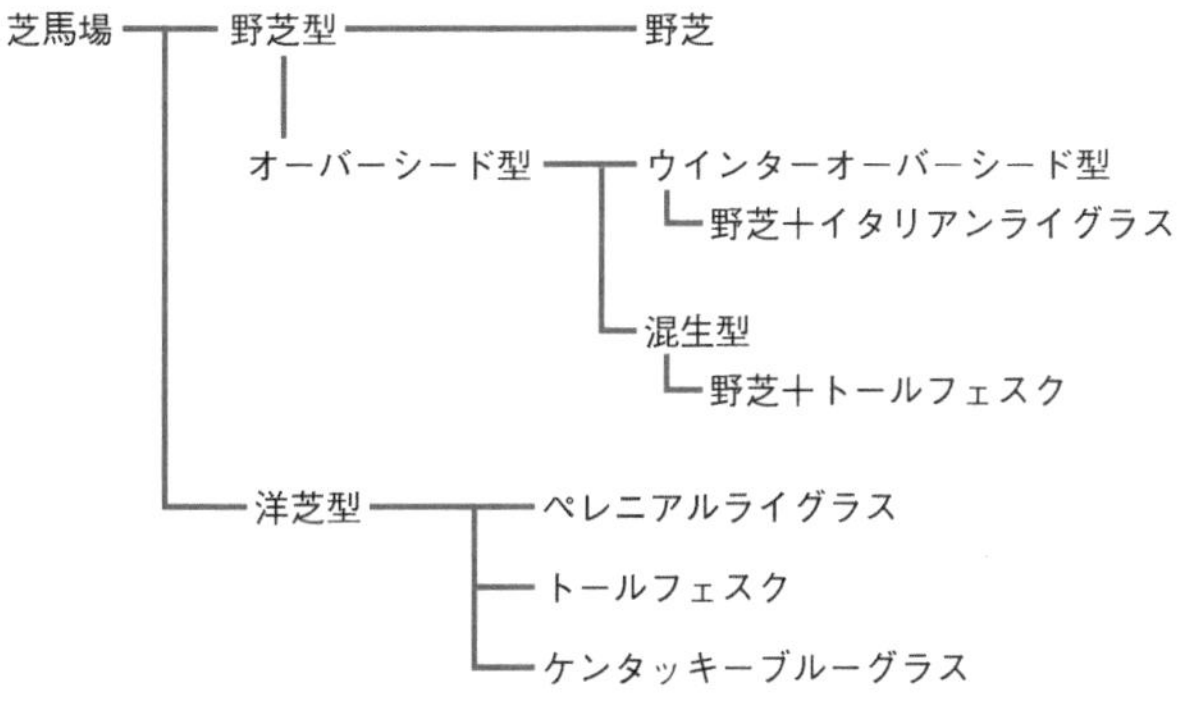
芝馬場
野芝型
野芝
オーバーシード型
ウインターオーバーシード型
野芝＋イタリアンライグラス
混生型
野芝＋トールフェスク
洋芝型
ペレニアルライグラス
トールフェスク
ケンタッキーブルーグラス

図5-3　芝馬場の分類

が使われている。海でもまれた砂は角が取れて丸くなり、硬くて壊れにくく、粒の大きさがそろっているうえ細かい泥分が少ないからである。競走馬の肢を守るためにも、また馬場の均一性を保つためにも、それらは非常に重要な条件となる。

水はけ対策

水はけ対策のため、芝馬場、ダート馬場とも下層路盤には砕石が使われている（図5-1参照）。また、芝馬場の砕石層には排水口があり、その開閉によって水分量を調節している。

日本の馬場でもっとも問題になるのが、水はけである。水はけが悪いと馬場は田んぼのようにどろどろになってしまい、競走馬の肢をしっかり受け止められず、故障の原因になる。競馬の国際交流が進むなかで日米のダート馬場の違いが話題になるが、両者の違いを決定づけているのは降水量の違いなのである。降水量の多い日本の馬場は、水はけ対策なしでは成立しない。

アメリカのダート馬場、とくに降水量の少ない西海岸のものをみると、日本と違って路盤とクッション砂からなる二層構造になっていない。どこまで掘っても同じ砂だけの一層構造である。しかも、砂というよりは土に近い。粒子が細かいのである。まさに、ほとんど雨の降らない地域ならではの構造だが、ひとたび雨が降れば、水がはけず馬場全体がたちまち洪水状態になる。これに対して日本では、表層のクッション砂に粒子の大きな砂（最大粒径二ミリメートル）を使っ

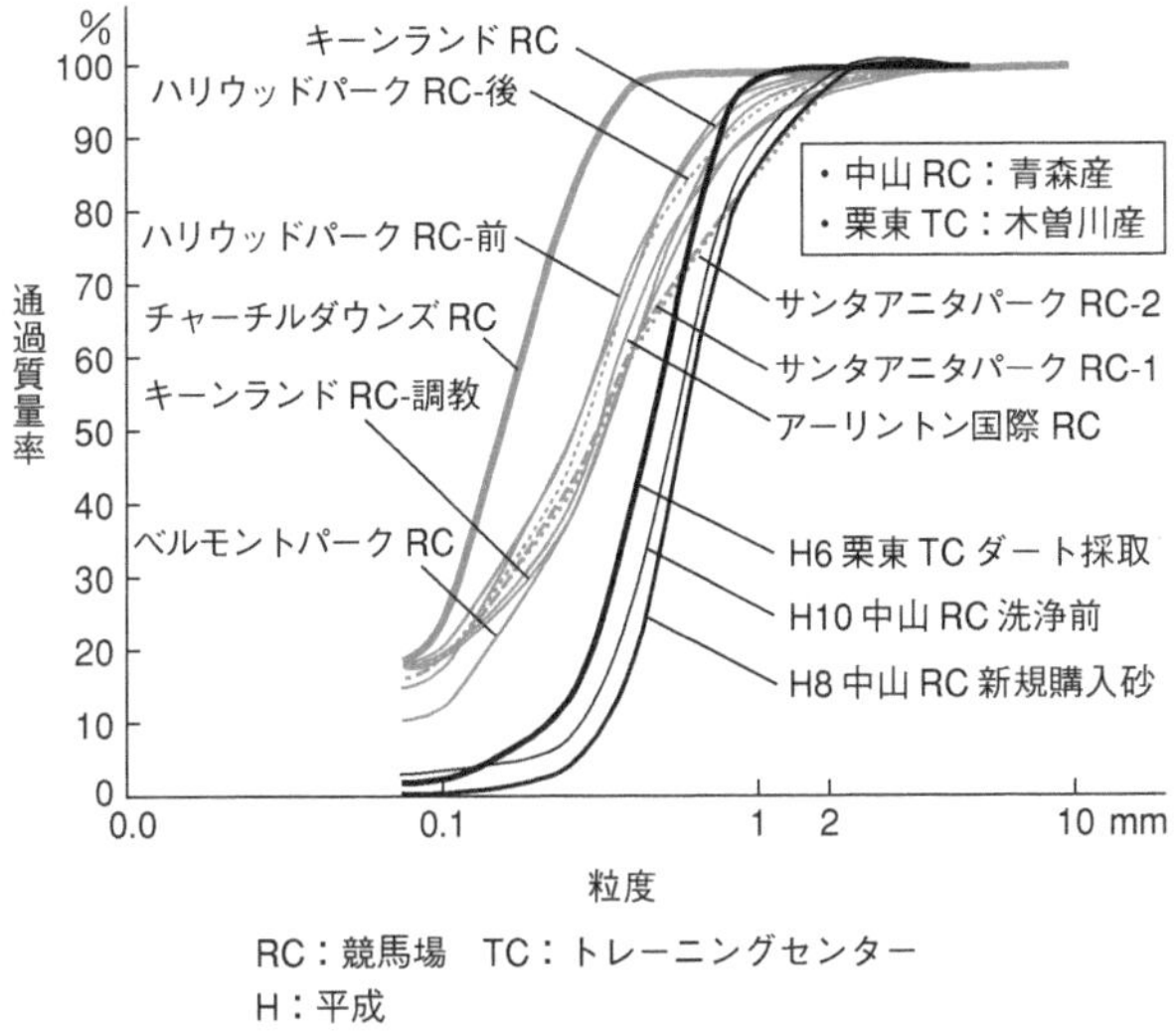

一般にアメリカのクッション砂のほうが細かいが、アメリカのなかでも地域差があることがわかる。

図5-4　日米のクッション砂比較

て、雨水を下層に落とす工夫をしている。

図5-4は日米のクッション砂（アメリカの場合は上層の砂）の粒度（砂粒の大きさ）を比較したものである。たとえば、横軸の粒度が〇・一ミリメートルで縦軸の通過質量率が二〇パーセントの場合は、砂全体のうち二〇パーセントが〇・一ミリメートル以下であることを示す。

これをみると、全体的にアメリカの砂の細かさが目立つが、アメリカ国内でも競馬場によって差があることもわかる。ケンタッキー州のチャーチルダウンズ競馬場は細かい砂が多い一方で、ニューヨーク州のベルモントパーク競馬場になると大きめになる。同じアメリカでも雨の多い東海岸では、日本と同じ水はけ対策を講じているようである。

5-3 調教コース

坂路コース

調教コースとしてその成果が注目されているのが、馬場に傾斜をつけた坂路《はんろ》コースである。一九八五年に栗東《りっとう》トレーニングセンターで最初に築造され、九三年には美浦《みほ》トレーニングセンターでも導入された。また、坂路コースをもつ牧場も増えている。

坂路コースでの調教は坂道を駆け上るトレーニングなので、平坦なコースよりも心肺機能が向上し、とくに後肢の筋肉が発達する。当然、競走馬の肢にかかる負担が大きくなるが、後述するウッドチップ馬場を利用しているので、かえって故障が少ない。

一九八〇年代後半から、メジロマックイーン、オグリキャップ、トウカイテイオーなど関西馬

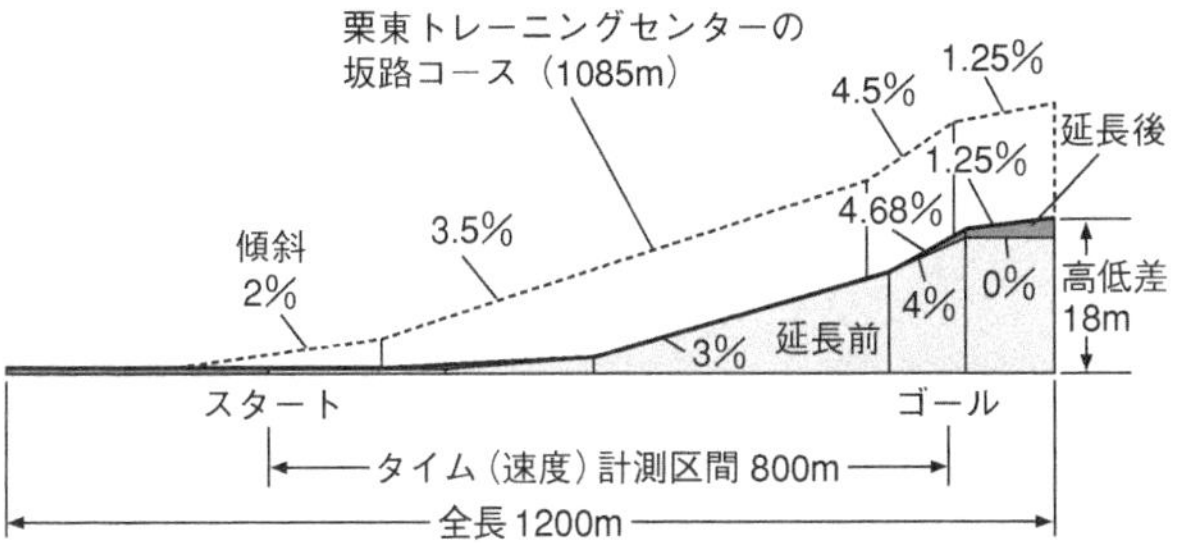

美浦トレーニングセンターのほうが栗東トレーニングセンターよりも傾斜が少ない。一方、タイム計測区間は、両トレーニングセンターとも同じ800mになった。

図5-5　美浦トレーニングセンターの新しい坂路コース（1200m）

（栗東トレーニングセンター所属の競走馬）の活躍が目立ち始めるが、それが坂路コースがつくられた時期と一致していたため、一躍脚光を浴びることになった。関東馬が所属する美浦トレーニングセンターでも遅れてつくられたが、コースの距離が短いため三ハロン（六〇〇メートル）のタイムしか計測できず、二〇〇四年に一二〇〇メートルへの延長工事をおこなっている（図5-5）。これによって、栗東トレーニングセンターの坂路コース（距離一〇八五メートル）と同じく四ハロン（八〇〇メートル）の計測が可能になっている。

ウッドチップ馬場

ウッドチップ馬場は、木片（ウッドチップ）を敷き詰めた馬場である。木片の材料は、安定して入手できる、腐りにくい、細かく砕けにくい、排水性が良好であるなどの理由で、現在ではスギとアカマツが使われている。スギは樹液が少ないうえ磨耗しにくいが、材質が軟らかい。これに材質が堅いアカマツを混合することで、適度なクッション性を生んでいる。

　ウッドチップ馬場は、日本では一九八二年から調教コースで使われている。クッション性、排水性、不凍性、さらに土砂のように流失しないなど非常に優れた特徴をもっている。この特徴を利用した坂路コースは、ウッドチップ馬場の開発によってつくれるようになったともいえる。

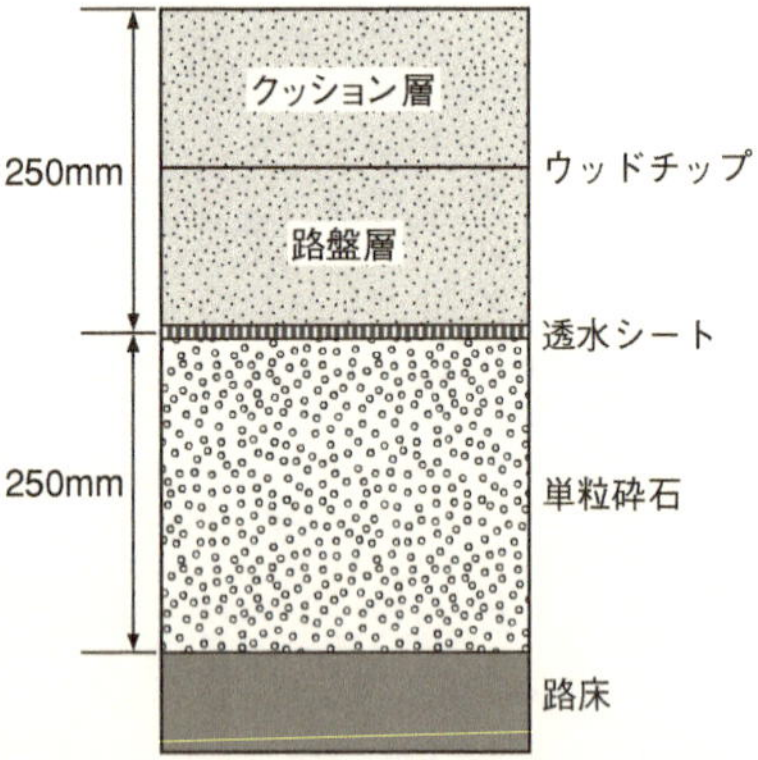

図5-6　ウッドチップ馬場の断面構造

　ウッドチップ馬場は単一の材料でクッション層と路盤層を形成している（図5-6）。言い換えれば、芝馬場の芝と山砂、ダート馬場のクッション砂と山砂にあたる役割を、ウッドチップだけで担っている。このウッドチップがつくる層には多くのすき間があるので、競走馬が疾走しても蹄や骨に与える衝撃を和らげることができるのだ。

第6章 速い馬はこうして生まれる

2004年ＪＲＡ賞最優秀牡馬キングカメハメハ
（写真は2004年東京優駿<日本ダービー>優勝時）

6-1 競走馬の種付け

種付けシーズン

馬は決まった時期だけ繁殖が可能になる動物である。これを季節繁殖というが、イヌやネコ、ヒツジなども同じである。

日照時間が延びてくると、雌馬の脳下垂体が刺激されて卵子を成熟させるとともに、エストロゲンというホルモンが分泌されて発情を促す。この時期が北半球では春から夏にかけてとなり、南半球では（北半球の）秋から冬にかけてとなる。雄馬は雌馬が発情していれば、交尾が可能である。そこで、一年中地球をかけまわって種付けに追われるシャトルスタリオン（シャトルバスのように南・北半球を折り返す種付け馬）もいる。

こうした季節繁殖の特性を利用して、人工的に早く排卵、発情させることができる。一～二月に、一日一六時間、一〇～一六日の間一五〇ワット程度の電灯を点灯すると、約二週間後に排卵、発情が起こるとされている。また、ホルモン剤の投与によっても発情の調節ができる。

日本における競走馬の種付けシーズンは、二月中旬から七月中旬までほぼ五ヵ月に及ぶ。七月中旬までというのは、種付けしても受胎できなかった繁殖牝馬《はんしょくひんば》（雌馬）などに対して種牡馬《しゅぼば》（雄馬）が最後まで対応するためで、この時期まで種付けが続くわけではない。総じて人気のある種牡馬ほど種付け時期が早い傾向があって、三月中旬までに予定の半数を終えてしまう場合もある。

これまで種付けシーズンは四～五月がピークだったが、それが早まっただけでなく、二月中旬と特定しているのには理由がある。たとえば少し早く二月一〇日に種付けした牝馬の出産予定（妊娠期間約三三〇日）は翌年の一月一〇日となるが、万が一出産が早まって一二月中に生まれてしまった場合、年齢が〝一歳上〟になってしまうのである。

現在、馬の年齢（馬齢）は満年齢で数え、生まれた年は零歳となる。そして、実際の誕生日に関係なく生まれた年の一月一日から馬齢を起算する。したがって、たとえ一二月三一日に生まれても、翌日（翌年）には一歳馬となるわけである。見方を変えれば、新馬戦に出場する二歳馬には、生後一年と一日で二歳になった馬（一二月三一日生まれ）と、文字どおりほぼ二年経過して二歳になった馬（一月初旬生まれ）がいることになる。一月生まれの馬がいかに有利かわかるだろう。二歳戦に照準を合わせている生産者にとって、一二月生まれとなることは大きな誤算になるのだ。

そこで、余裕をもって二月中旬に種付けを開始し、なるべく早い時期に終わらせようとする。このように最近の競走馬の種付け時期は、馬本来の繁殖シーズンよりレースのスケジュールが優先される傾向が強くなっている。

一日四回の種付け

種牡馬が一日にこなす種付け（写真6-1）は、四回がふつうになってきている。種付けを受け入れる牝馬の発情が条件なので、必ずしも四回おこなうわけではないが、種牡馬には四回態勢を整えさせている。

一回目の種付けが朝五時とすると、その前に朝食と乗り運動を終わらせておく。その後は、九時、午後一時、五時と四時間ずつのインターバルが置かれる。種付けの間の空き時間はパドックに放牧される。ただし、放牧中に青草を食べすぎて満腹になり、種付けどころでなくなっては困るので、草のあるパドックとないパドックを用意して、種牡馬の様子をみながら振り分ける。また、牝馬をみて興奮してしまう種牡馬は牝馬のみえないパドックに入れ、逆に牝馬がみえる場所に置いたほうがいい種牡馬もいるので、臨機応変に対応していく。

種付けにかかる時間は種牡馬によって異なるが、交尾の時間は短い。どの種牡馬も一五～三〇

写真6-1　種付けの様子

秒で終わる。乗るまでに時間のかかるものと、かからないものがあるわけである。また、牝馬に対する好みもあって、毛色やにおいに対する好み、初めて種付けする牝馬を嫌がるもの、逆に好むものなどさまざまである。もっとも大切なのは牝馬の馬体の大きさで、その大きさによって位置を上下できるような工夫をしている。

種牡馬の一回の射精量は、平均で六〇～七〇ミリリットルで、これに含まれる精子の数は一ミリリットル当たり二〇〇〇万程度である。他の品種や他の動物と比較すると、サラブレッドの精子数はかなり少ない。また、精子の性状はその種牡馬の六〇日前の健康状態を示しているとされる。

種牡馬には当然人気の偏りがある。そのなかで話題をさらったのが、二〇〇四年のＮＨＫマイルカップや東京優駿（日本ダービー）に優勝し、レコードタイムを記録したキングカメハメハである。二〇〇五年に種牡馬となった四歳馬のキングカメハメハは、同年に二四五頭の牝馬に種付けしたと発表された。人気の高い種牡馬は、このように二〇〇頭を超える牝馬に種付けをしている。

種付け料もほとんどタダ同然から、一回千数百万円もする馬までいる。

種牡馬の健康管理

日本で飼養されている軽種《けいしゅ》（サラブレッド、アラブ、アングロアラブ、サラブレッド系、アラブ系の五種）の種牡馬は六〇〇頭を超えるが、そのうちサラブレッドは四五〇頭余りで、そのほかはアラブ系の種牡馬である。

ちなみに、馬の品種は二〇〇以上あるが、日本では戦前からこれらを軽種、重種、中間種、在来種の四種類に分類している。競走用および乗用が軽種、シャイヤー、ペルシュロン、ベルジャンなど動力用の大型種が重種、その混血種が中間種、そして古くから日本にいる北海道和種（道《ど》産子《さんこ》）、木曾馬《きそうま》、対州馬《たいしゅうば》、御崎馬《みさきうま》、トカラ馬、宮古馬、与那国馬《よなぐにうま》、野間馬の八種が在来種にあたる。

競走馬に競走馬の体づくりがあるように、種牡馬には種牡馬の体づくりがある。以前の種牡馬の体といえば、どっしりした体型が理想とされていたが、最近では競走馬時代の体重の一〇パーセント増くらいが目安となってきている。種付けのときに二本肢で立つので、脂肪がついて体重が増えると腰に負担がかかるからである。

優れた競走馬の繁殖に貢献している日本軽種馬協会の静内《しずない》種馬場には、一周一五〇〇メートルほどの平坦馬場、傾斜三パーセントの坂路《はんろ》コース、そして屋内馬場が設置されている。こうした施設を使って乗り運動もする。往復だけで二〇〇〇メートルは歩くことになる。乗り運動をするのは、種牡馬の健康管理のほかに、人とのコミュニケーションを図る目的もある。それが種付け時の事故防止につながるという考えである。

日本軽種馬協会では、種牡馬に対して毎月の血液検査に加えて、心臓、精液、性病の検査を定期的に実施している。種付けのシーズンにおこなわれる精液検査は、馬用のコンドームや人工膣を使って採取した精液や種付けの残液で精子の状態を調べる。とくに問題となるのは精子の動き方で、数は問題にならない。種付けでいい射精をしていれば、それだけ精子の数は少なくなるからである。

また性病の検査は、細菌性の感染症からウイルス性の感染症まで、可能性のある感染症すべてについてチェックする。もちろん、繁殖牝馬についても検査は実施され、膣から子宮にかけて伝染性の細菌汚染がないことを保証する「馬伝染性子宮炎陰性証明書」の提出が求められる。

繁殖牝馬の発情期

二〇〇一年でいえば、プリモディーネやチアズグレイスなど、競走馬を引退して繁殖生活に入るため牧場に帰っていった牝馬は約六〇〇頭。また、日本で種付けされる繁殖牝馬は毎年一万五〇〇〇頭を超え、そのほぼ八割がサラブレッドである。良血や成績優秀な牝馬の一生をみると、現役競走馬として活躍する時期はほんの数年間、五歳ごろには繁殖生活に移り、二〇歳くらいに引退する。

繁殖シーズンに入ると、繁殖牝馬は約三週間の周期で発情を繰り返す。うち約一週間が発情期間で、この期間に排卵がおこなわれる。その一週間を調べるための重要な検査方法が当て馬である。当て馬が牝馬にけられたり、乗りかかったりしないように、ふつう牝馬と当て馬の間に板や柵を置いて見合いをさせる。牧場では当て馬専用の牡馬を育てているが、ときにはホルモン剤を投与した去勢馬（騸馬《せんば》）や、種付け希望のない種牡馬が用いられることがある。

当て馬を牝馬に近づけると発情期前の二週間は攻撃的な行動をとるが、発情期の一週間はおとなしくなる。獣医師は当て馬で発情を確認してから、直腸からの触診や超音波診断で排卵の時期を予想し、排卵予定日の一～二日前に交配がおこなわれる。

受胎は超音波画像診断で二週間後には確認できる。三週目にもう一度確認して正式に受胎と診断。繁殖牝馬は約一一ヵ月の長い妊娠期間を迎える。

6-2 母子の暮らし

妊娠期間と出産

馬は受精卵の着床の遅い動物である。さらに胎子《たいじ》が安定期に入るまで七〇～八〇日かかる。そのため、交配後はなるべく安静に過ごす必要がある。母馬の胎内では、胎子は背中を下にして羊水のなかで発育する。妊娠二ヵ月ごろには数センチだった胎子も、七ヵ月ごろには体長五〇センチ以上になる。そのころには母馬のおなかからその動きがみてとれ、その後、出産までには一一〇センチほどに成長する。

受胎後八〇日が過ぎて安定期に入っても感染症による流産のおそれがあるので、妊娠期間中に二～三回、予防注射を打つ。また、冷たい秋雨の降る妊娠一五〇日目ごろは流産しやすい時期なので、なるべく馬服を着せて体を冷やさないようにする。

写真6-2　出産直後の母子

妊娠後期になると、馬もつらくて歩きたがらないが、曳《ひ》き運動やウォーキングマシンで適度な運動を続ける。太りすぎを防ぐとともに、血行がよくなり、お産が楽になる。人間の出産では、赤ちゃんの体重が約三キログラム、母親の直前の体重増が約一〇キログラムだが、馬の場合は、それぞれ約五〇～六〇キログラム、八〇～一〇〇キログラムとなる。

馬の出産予定日は二週間くらい前後することがよくある。そこで、早くから出産の徴候を示す母馬の乳房がどのくらい大きくなってきたか、乳頭に乳汁の結晶（乳ヤニ）がついていないかどうかを毎日観察して、出産に備える。天敵から身を守るという野生時代の習性からか、九割くらいは夜に出産する。ふつう分娩《ぶんべん》は破水から一五分くらいで終了する。

母馬は生まれたての子馬を頭部から体全体にかけてなめ始め、ぬれた体を乾かす（写真6－2）。これは皮膚を刺激するだけでなく、血液循環や体温発生、排便などの機能を刺激し、子馬が立ち上がるための助けとなる。

子馬を守る初乳

生まれた子馬は三〇分もすると立ち上がり、すぐ母馬の乳を飲む。この乳を初乳という。

初乳は子馬が生まれてから二四時間という限られた時間に母馬が出す最初の母乳のことで、ふつうの母乳（常乳）と違って黄色みがかって、どろっとしている。常乳には乳糖、カゼイン、乳脂肪などの栄養素が多く含まれているのに対して、初乳には栄養成分がほとんどなく、代わりに免疫グロブリンが多く含まれている。

一般に病原体が体内に侵入すると、Bリンパ球という白血球の一種が免疫グロブリンというタンパク質を産生する。免疫グロブリンはその機能から抗体とも呼ばれ、ウイルスや細菌、あるいは細菌が産生する毒素と結合して、その病原性を中和する。

ところが生後間もない子馬は抗体を生み出す能力が非常に弱いため、感染症などにかかりやすい。その子馬の抗体（免疫グロブリン）の供給源となるのが母馬の初乳である。

母馬は感染やワクチン接種によって、すでにさまざまな病原体に対する抗体を血液中にもって

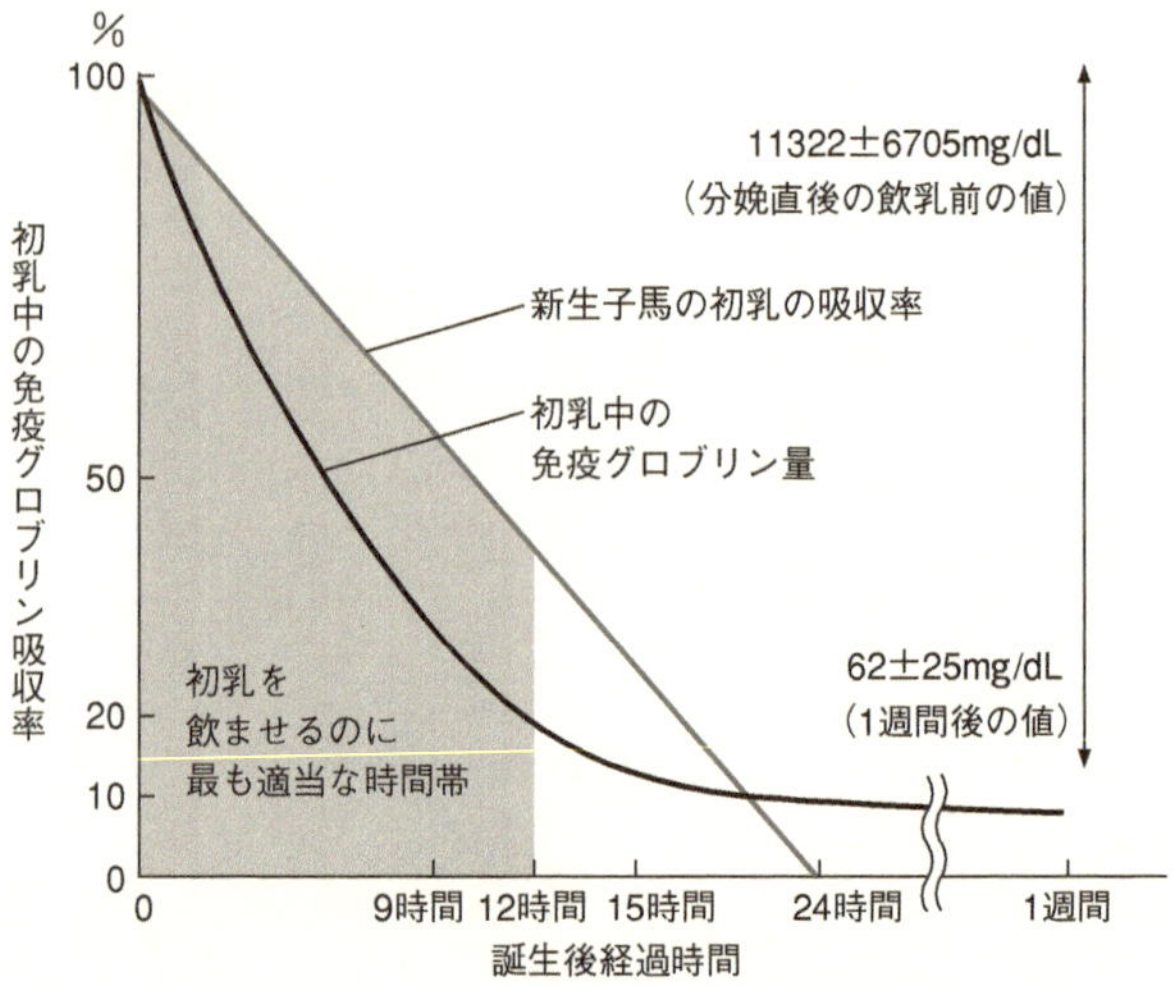

図6-1　免疫グロブリンの吸収

いる。この抗体（免疫グロブリン）が、初乳に分泌されるわけである。免疫グロブリンはGやAといった成分に分けられ、さらにそのなかの一つひとつが無限ともいえる種類に区分され、それぞれが違ったウイルスや細菌に働いて子馬を感染症から守る。

新生子馬の腸の働き

免疫グロブリンはタンパク質でできているので、もし成長した馬が初乳を飲んでも、胃腸で消化吸収されてアミノ酸に分解され栄養にはなるが、免疫グロブリンとしての作用、つまり感染症から体を守る働きは失われてしまう。しかし、出生直後から約二四時間までの子馬の腸は免疫グロブリンを消化しないで、そのまま腸から吸収する特別な仕掛けをもっている（図６－１）。腸の表面が吸収上皮細胞と呼ばれる細胞に覆われていて血液中に取り込んでしまうのである。

免疫グロブリンは血液の流れに乗って体のすみずみまで運ばれ、それぞれの場所でそれぞれの感染に対して抵抗力を発揮する。たとえば免疫グロブリンAは、微生物の侵入口である鼻や口の粘膜上に分泌され、病原菌が体内に侵入するのを防ぐ。また、免疫グロブリンGの多くは、血液とともに体内を回りながら、侵入した細菌やウイルスなどにくっついて病気を起こすのを防ぐ。

人間の場合は、免疫グロブリンの大半は妊娠中に胎盤から胎児へと伝わっているので、初乳を飲むことは必ずしも重要なことではないが、馬では胎盤移行がないので子馬の場合はその後の生死を分けるほどの絶対条件ともいえるのである。

免疫力の変換

子馬の腸粘膜にあった吸収上皮細胞は、二四時間後には自然に消失する。それからの子馬の腸はふつうの馬の腸へと移行し、初乳から常乳に変わった母乳を消化し、栄養分として吸収するようになる。

初乳によって得られた免疫力は、母馬という別の個体から受け取るものなので受動免疫と呼ばれる。受動免疫は子馬の成長に伴って少しずつ体から失われていき、およそ一ヵ月が過ぎるころ

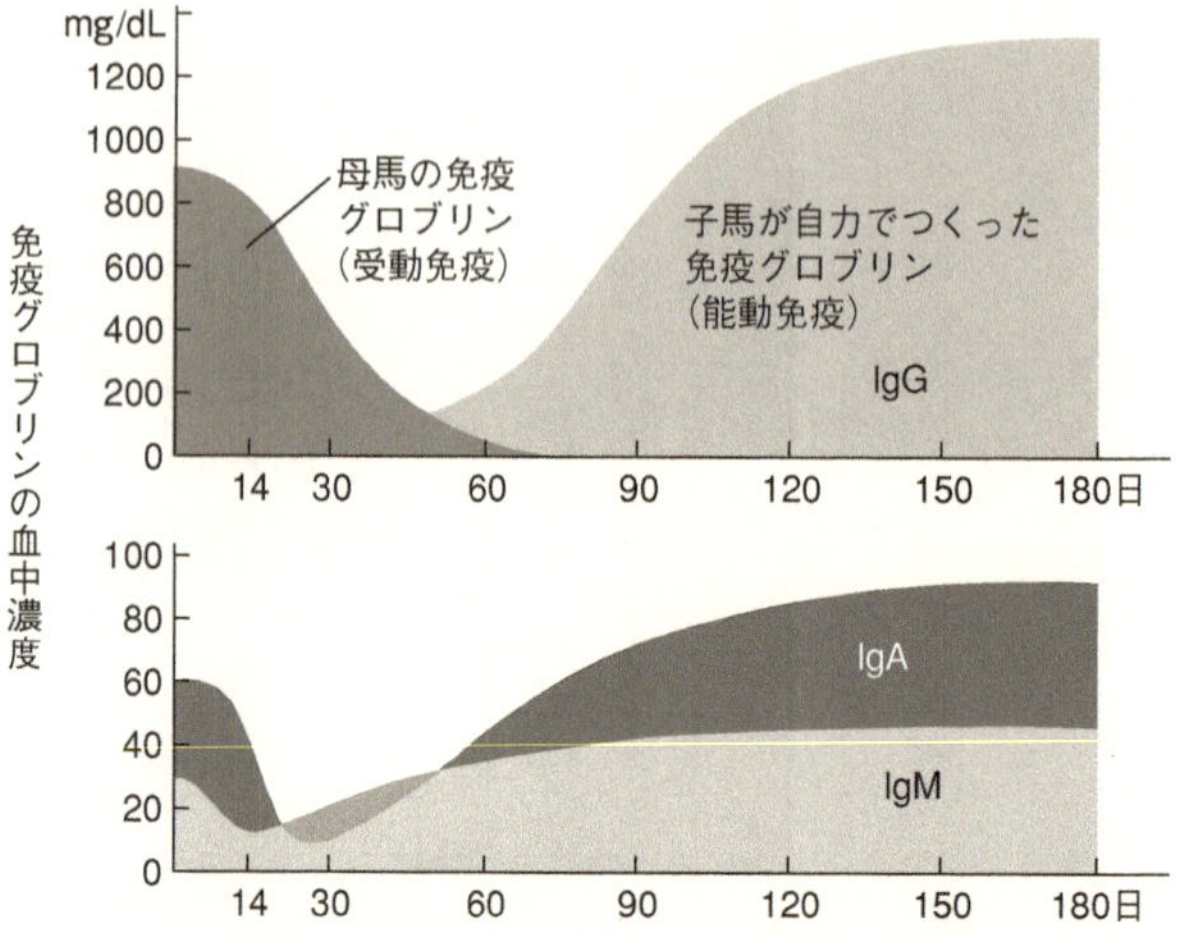

図6-2　新生子馬の免疫グロブリンの消長

にはかなり少なくなり、半年後には完全に消失する。

その一方で、次第に子馬は自分の力で免疫力をつくりだすようになる。これを能動免疫と呼ぶが、生後二ヵ月を境に、自分の免疫を受動免疫から能動免疫へと変化させていく（図6-2）。まだまだ親離れしていない時期に、免疫学的には立派に親離れを始めているのである。

能動免疫は、馬が自分自身で外界の微生物と戦って獲得したものであるから、馬自身が生きた歴史の反映ともいえる。獲得した能動免疫の成分である免疫グロブリンは、やがて自身が母馬になったときに、再び子馬へと引き継がれていく。

6-3 競走馬の親子判定

血統登録審査

その年に生まれた馬の血統登録審査をおこない、血統登録証明書を交付するのが日本軽種馬登録協会の仕事である。

競馬法には、馬名登録をした競走馬でないと出走できないことが定められている。その馬名登録をするために欠かせないのが血統登録証明書で、競走馬になるためには血統の登録が絶対条件となる。

血統登録審査は、所有者から血統登録の申し込みのあった馬に対しておこなう。

初回の審査は母馬を確認できる離乳前におこなわれ、書類審査、実馬審査、親子関係の審査が実施される。書類審査では血統登録証明書、母馬の繁殖登録証明書、種付証明書、登録料金の提出が求められる。

親子関係に矛盾がないという判定が出た馬について、翌年もう一度、実馬審査をおこない、特徴の再チェックをしたあとに血統登録証明書が交付される。

最初の審査を離乳前におこなうのは、離乳前は母馬と子馬がいつも一緒にいるので、特定の母馬から生まれた子馬（産駒《さんく》）であることを容易に登録審査委員が確認できるからである。

委員は、性別、毛色、特徴すなわち流星（額から鼻にみられる白斑《はくはん》）、頭部や肢部の白斑、旋毛の位置など、馬の特徴を細かくチェックして記録する。そして、その特徴は血統登録証明書に正確に記載されて、レース前に装鞍所《そうあんじょ》でおこなわれる馬体検査のときに出走馬の個体識別に活用される。

血液型による判定

登録におけるもっとも重要な審査が親子関係の審査である。従来は、これを科学的に証明する方法として血液型による親子判定が実施されていた。

採取した血液を、国際血統書委員会と国際動物遺伝学会が定めた国際最少標準検査項目を満たす一五システム、五六因子について検査し、その父母の血液型と矛盾しないかを調査したのである。

これまで、それによって矛盾ありと出たケースをみると、種馬場で別な馬を誤って種付けして

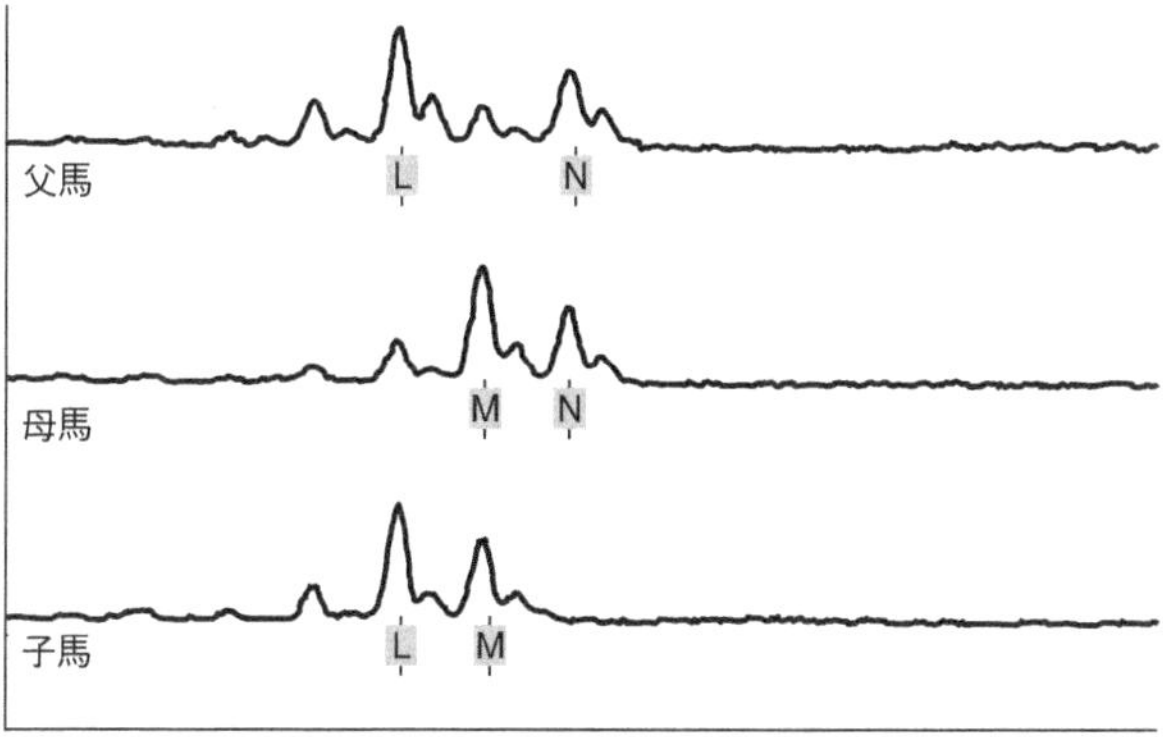

子は父と同じL型のピークと、母と同じM型のピークをもつ。
同様に17種類のマーカーを使い判定をおこなう。

図6-3　DNA型の検出例

しまったためとか、繁殖牝馬の放牧場に育成中の馬が入ってしまっていたためなどが原因であった。その一方で、父馬の血液型が非常に類似していたために、本来は別な父馬にもかかわらず、矛盾なしという結果が出てしまう可能性も否定できなかった。

ＤＮＡ型検査の導入

そこで、国際血統書委員会では、より精度の高い判定方法としてＤＮＡ型検査の導入が検討され、日本では二〇〇二年の産駒からこの検査方法を導入した。

遺伝子は四つの塩基が何十億個も並んで二重らせん構造をつくっているが、そのなかには特定の塩基配列が複数回繰り返されている部分（マイクロサテライトＤＮＡという）がある。

DNA型判定には、毛根から採取したマイクロサテライトDNAを使う。判定に使うマーカー（標識）には国際基準があり、国際血統書委員会では九種類を最少標準マーカーとしているが、日本では一七種類を使って判定精度を高めている（前ページ図6-3）。

実際には、一七のうち二種類以上矛盾があった場合に、親子関係がないと判定する。一種類だけでは突然変異の可能性があるが、同時に二種類に起こることはまずないからである。このDNA型判定の精度は九九・九九九パーセント以上と一〇〇パーセントに限りなく近い。もちろん、父馬と母馬のDNA型はすでにデータベースが整っているので、きわめて正確な判定が容易にできる。

DNA型検査の導入に伴い、これまで登録規程で禁止されていた同一発情期間内での配合変更も認められることになった。配合変更とは繁殖牝馬の発情期間に異なる種牡馬を使って複数回交配することで、これが認められれば受胎率が向上するので、産駒生産者にとって大きなメリットとなる。

DNA型検査なら、配合変更しても親子関係を正しく突き止めることができるのである。

6-4 馬の祖先と進化

化石でみる馬の祖先

ここまで進化した競走馬の祖先をさかのぼれば、五〇〇〇万年前に生息していた小動物に行き当たる。

化石を調べると、馬の祖先としてたどれる最古の動物は、北米大陸の五〇〇〇万年ほど前の地層から出土するエオヒップスである（ヒラコテリウムとも呼ばれる）。エオヒップスは体高二五センチメートルで四本の指をもち、おもに森林や低木地帯で肉食動物の追跡から逃れながら、木の芽や葉を食べていたと推定される。この系統はその後、やや大型で三本指のメソヒップス、さらにはメリキップス、プリオヒップスへ進化していった（次ページ図6-4）。

それから約五〇〇万〜三〇〇万年前に出現したのがエクウス属で、その後二〇〇万年前に陸続きだった他の大陸にも移動し、家畜馬、シマウマ、ノロバ、ノウマとしてアフリカやアジアで今

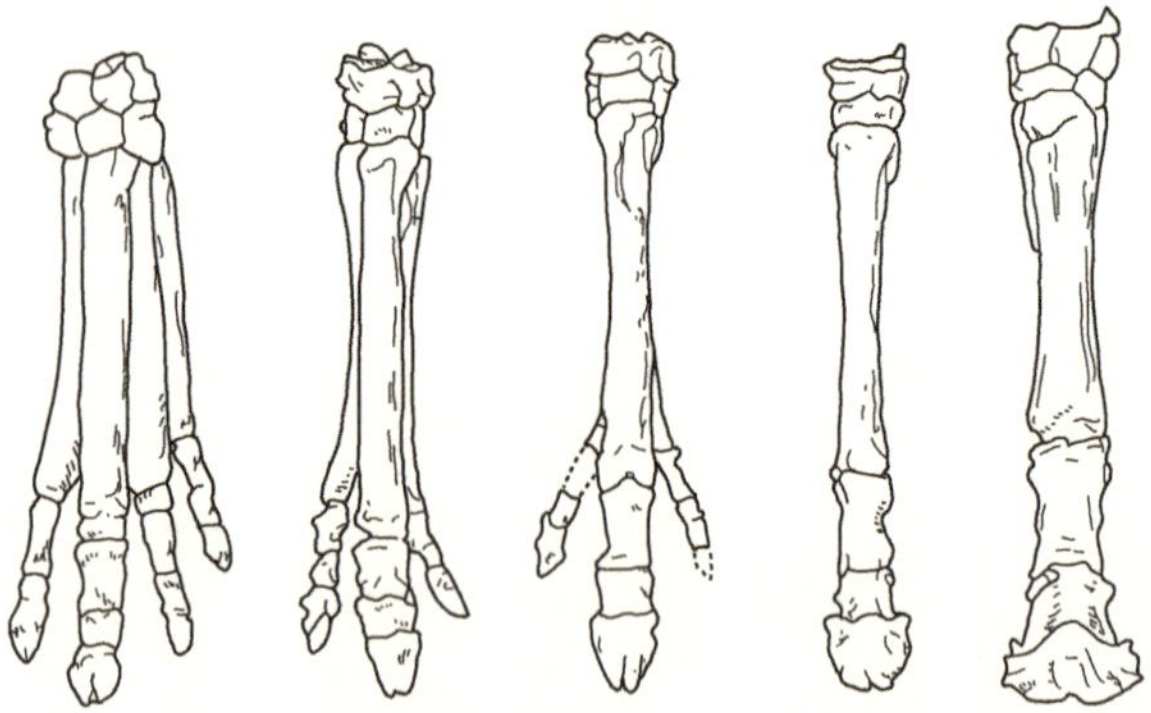

エオヒップス　メソヒップス　メリキップス　プリオヒップス　エクウス

図6-4　馬の祖先にみる指骨の進化

日もその生命が受け継がれている。ノウマやノロバとは野生の馬やロバのことである。たとえば、モウコノウマは別名プルツェワルスキー馬といって、現在の馬の野生型のものをいう。人類の誕生が五〇〇万〜四〇〇万年前であり、エクウス属の誕生とほぼ同時期であるのは興味深いことである。

大陸移動によって北アメリカとユーラシアが分離したあと、南北アメリカの馬は一度絶滅している。コロンブスのアメリカ大陸到達以降、スペイン人によって大陸に持ち込まれた馬（家畜馬）が野生化したのが、現在のアメリカの野生馬といわれるもので、ムスタングなどがこれにあたる。したがって、現在の北アメリカには本来のノウマやノロバはいない。

ウマ科の動物

馬は哺乳綱《ほにゅうこう》、奇《き》蹄目《ていもく》、ウマ科、ウマ属に属する。

奇蹄類は蹄《ひづめ》として知られる強靭《きょうじん》な爪《つめ》の層に囲まれた、たった一本の指、つまり第三指（中指）に力をかけて立つ四足動物である。サイやバクも奇蹄類だが、指はそれぞれ三本と四本（後肢は三本）ある。これらも第三指に力をかけて立つ。

ウマ科の動物で現存しているのはウマ属だけで、七つの種が存在する。家畜馬（イエウマ）、その野生型で家畜馬の祖先といわれるモウコノウマ、そしてロバ二種、シマウマ三種である。家畜馬は学名をエクウス・カバルスという。我々が日常接している馬はすべてエクウス・カバルスに属し、その染色体数は六四本である。サラブレッドをはじめ、ポニー、木曾馬、道産子もすべて同じ仲間であり、これらは品種名である。

馬の家畜化

現在の馬の直接の祖先としては、東ヨーロッパからウクライナのステップ地方に住んでいた草原タイプのタルパン、北ヨーロッパの森林地帯に住んでいた森林重種のエクウス・シルヴァティカス、高原タイプといわれるモウコノウマの三種とする説が有力である。一方、先史時代の遺跡や遺物、現代の馬の体型や資質の特徴などを考え合わせると、家畜馬の祖先は北欧山岳馬、中央森林馬、南欧草原馬、中近東高原馬、蒙古《もうこ》草原馬などであると思われる。これらの馬はそれぞれが生活圏とした地域の環境に適応して、あるいは軽快な運動性、あるいは重厚な体型、また乾燥地帯の気象条件に強い体質などを獲得していった。

原始時代には狩猟の対象にすぎなかったこれらの野生馬を、人の役に立つように飼い慣らして家畜化したのは、現在のウクライナから中央アジアにかけての大草原地帯に住んでいた遊牧民族のアーリア人かスキタイ人で、紀元前一九〇〇年ごろともいわれるが、紀元前三五〇〇年ごろにはすでに中国人が家畜化したという説もある。よって、馬は家畜化されて六〇〇〇～四〇〇〇年近くになる。そして、さまざまな野生馬の集団と生活をともにしてきた人々は、より役に立つ馬を手に入れるために改良を加え、現在では二〇〇種以上の品種をつくりだした。

なかでも、銜《はみ》と鐙《あぶみ》の発明は、人と馬の関係に非常に大きな影響を与えた。

銜はいまから五〇〇〇年以上前に発明されたと考えられ、紀元前一五〇〇年ごろには金属製の銜が使われるようになった。

また、鐙が初めて使われたのは紀元前三〇〇年ごろにモンゴルの地に生まれた国、匈奴《きょうど》であったといわれる。

銜によって馬を自由に御《ぎょ》すことが可能になり、また鐙によって安定した騎乗が確保できるようになったのである。

6-5 サラブレッドのルーツと改良

サラブレッドの誕生

サラブレッドは、ランニングホースと呼ばれたヨーロッパの在来馬の雌に、アラブウマの雄をかけあわせてつくられた。現在では、三頭のアラブの雄馬にさかのぼることができる（次ページ図6-5）。これらは三大父祖馬と呼ばれている。

このなかでゴドルフィンアラビアン系はほとんどすたれ、バイアリーターク系は日本ではシンボリ牧場が導入したパーソロンの系統が成功した。パーソロンは三冠馬シンボリルドルフの父として有名である。しかし、現在の競走馬のほとんどはダーレーアラビアンの系統である。サラブレッドの九〇パーセントがダーレーアラビアン系の種牡馬を父にもっているほどの隆盛ぶりで、世界三大主流血脈ともいうべき、ノーザンダンサー系、ナスルーラ系、ネイティブダンサー系はいずれもこの系統に属する。

ゴドルフィンアラビアン（推定1724年生まれ）

バイアリーターク（1680年生まれ）

ダーレーアラビアン（1700年生まれ）

図6-5　サラブレッドの三大父祖馬

競走能力と遺伝子

サラブレッドは、優秀な競走能力をもった父馬と母馬を三〇〇年以上にわたって経験と勘により交配することによってできあがってきた。そして、サラブレッドの遺伝は難しい、優秀なサラブレッドをつくるのは芸術だともいわれ、科学が入り込めない分野とも考えられてきた。しかし、最近の学問の進展とコンピューターの発達によって科学的な分析が可能となってきている。

遺伝とは競走能力や体格などが親から子へと伝わることをいい、それを伝える物質が遺伝子である。ここで留意したいのは、遺伝にはひとつの遺伝子だけが関係するものと、多くの遺伝子がかかわるものがあるということで、それを区別して考える必要がある。

ひとつの遺伝子が関係するものに、毛色や血液型などの形質がある。たとえば、鹿毛《かげ》という毛色の馬は鹿毛というひとつの表現形をもち、それは一生変化しない。それに対して、多くの遺伝子が関係する形質に体重などがある。

多くの遺伝子が関係している場合を、まず体重の例を使って説明してみよう（次ページ図6－6）。図中の白丸ひとつは、体重を一〇〇キログラム重くする遺伝子をあらわす。

父馬は合計六個の遺伝子をもっているので六〇〇キログラム、母馬は四個の遺伝子をもっているので四〇〇キログラムの体重である。父馬の遺伝子は精子に、母馬の遺伝子は卵子に移行する

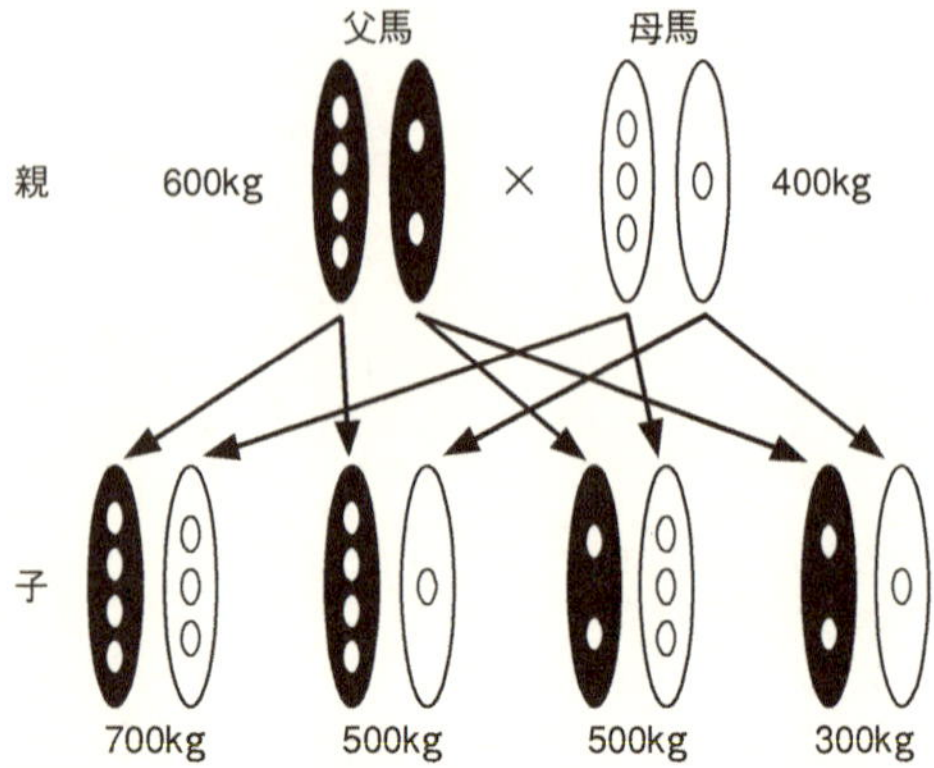

図6-6　多くの遺伝子が関係する体重の遺伝の仕方

が、父馬の遺伝子が精子に移行するときに四個をもつ遺伝子と二個をもつ遺伝子に分かれたとする（減数分裂という）。同じように母馬は三個と一個の遺伝子をもった卵子に減数分裂したとする。

これらの精子と卵子が図6-6のような組み合わせで受精することによって、遺伝子の合計が七個、五個、五個、三個の子馬が生まれる。体重でみると、七〇〇キログラム、五〇〇キログラム、五〇〇キログラム、三〇〇キログラムの子馬ができることになる。どの馬にでも三〇〇キログラムから七〇〇キログラムを超える子馬ができる可能性がある。これからわかるように、兄弟においても大きなばらつきが出ることになる。競走馬にとって重要な競走能力も、じつは多くの遺伝子が関係している。なぜ兄弟関係にある馬でも競走能力に差が出るのか、ここに答えがある。

遺伝と環境

多くの遺伝子が関係している競走能力のような形質は、環境の影響を受けるという特徴がある。その結果は、遺伝と環境、両方の合計になる。

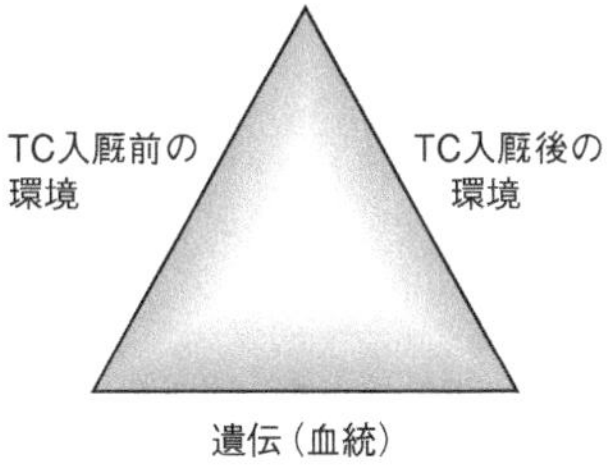

TC：トレーニングセンター

図6-7　能力にかかわる遺伝と環境の考え方

たとえば、遺伝（血統）的に速いサラブレッドであっても、劣悪な環境に置かれれば、最良な環境に置かれた三流のサラブレッドに負けることが起きる。これを図示したのが図6-7である。競走馬が発揮できる能力は、遺伝が三角形の底辺（遺伝）にあり、残りの二辺のうち一辺は生まれてからトレーニングセンター（ＴＣ）に入る前の育成、栄養管理、取り扱いなどの環境、もう一辺はＴＣに入ってからの飼養管理や調教などの環境をあらわしている。

それぞれの環境をあらわす二辺の長さは底辺の遺伝の長さ以上にはならないので、この三角形の三辺が同じ長さになれば三角形の面積は最大になって、馬の能力も最大限に発揮できるようになる。しかし、これら三辺のどの一辺が短くなっても全体の面積は小さくなって総合的な能力は劣るようになる。

このように、サラブレッドの競走能力は遺伝だけが関与しているのではなく、逆に環境だけが関与しているわけでもないので、どちらを無視しても競走馬の能力を十分に発揮させることができないわけである。

芝とダート、距離の競走能力

競走能力が芝とダートにおいて差が出るかどうかについては、遺伝の部分だけで比較することができる。表6-1は、同じ競走馬が芝とダートに出走した成績を比較したものである。このような比較を相関という。

芝とダートにおける遺伝的な能力がまったく同じように発揮できれば、相関関係は最大で一・〇となる。結果は、一二〇〇メートルでは〇・六九、一八〇〇メートルでは〇・三一となっている。つまり、芝が得意かダートが得意かは遺伝で決まることを示しており、距離が長くなるほどそれが顕著となっている。

距離(m)	1200	1400	1600	1800
遺伝相関	0.69	0.49	0.55	0.31

表6-1　芝とダートの遺伝相関

それでは、競走距離の問題はどうだろうか。芝とダートで分析した方法と同じやり方が可能である。同じ馬がさまざまな距離に出走したデータから遺伝相関をみてみれば明らかになる。

表6-2に芝における距離の遺伝相関を示したが、最大値一・〇、最低値〇・六八で平均は

○・八五となっている。

遺伝相関がこのように高い値を示していることは、一二〇〇メートルから二〇〇〇メートルの距離では遺伝的に競走能力に差がないと考えられる。とくに、一六〇〇メートルと一八〇〇メートル、一八〇〇メートルと二〇〇〇メートルのように近い距離においては、遺伝相関が一・〇とまったく差が認められない。この傾向はダートにおいても同じ結果である。

距離	1400m	1600m	1800m	2000m
1200m	0.88	0.85	0.76	0.76
1400m		0.89	0.68	0.69
1600m			1.00	0.97
1800m				1.00

表6-2　芝における各距離間の遺伝相関

遺伝的競走能力の向上

遺伝的な競走能力の指標として走行タイムを使うことには、いろいろな利点があるが、そのひとつに何年経過しても時間の基準が変化しないことが挙げられる。これは過去の競走馬と現在の競走馬を比較するときに、とくに重要なことである。

そこで、日本のサラブレッドの走行タイムを指標とした競走能力が、遺伝的にどのくらい向上したのかをみてみよう。データは古いが、一九七五年から九五年までの変化を次ページ図6-8に示した。一六〇〇メートルにおける競走馬の生年ごとの平均タイムである。

芝、ダートとも上下動を繰り返しながら、ダートでは一九八七年、芝

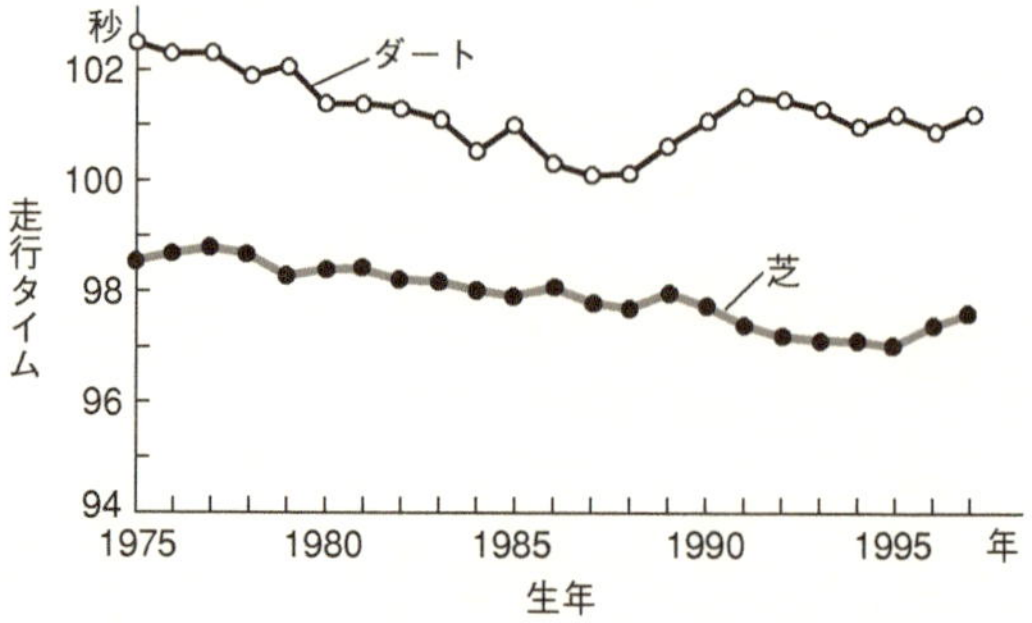

上下動を繰り返している走行タイムは、遺伝だけでなく環境の影響も受けて出てくる数値である。

図6-8　生年別平均走行タイムの変化（1600m）

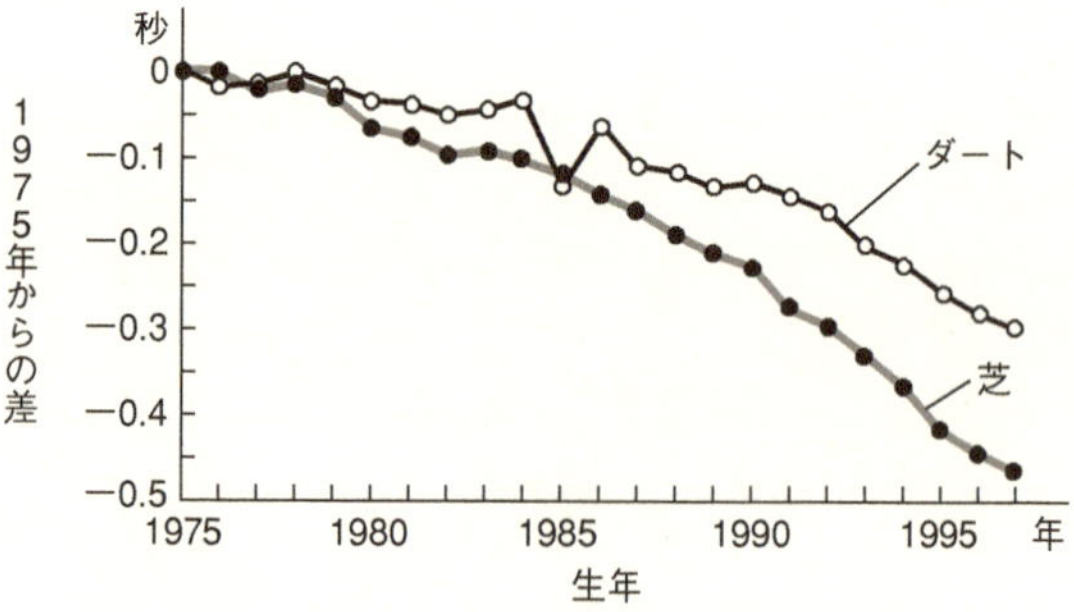

遺伝の影響だけを受けた走行タイムを比較してみると、芝、ダートともに改良が進んでいることがわかる。

図6-9　芝とダートの遺伝的趨勢（1600m）

では九五年がもっとも速いタイムを示している。最速と最低の差は、芝では二秒弱、ダートでは二・五秒弱あり、一見するとダートのほうが改良が進んでいるようにみえる。しかし、前述したように、これは遺伝と環境の影響を受けて出てくる結果なので、馬場などの影響を受けて変化していると思われる。

そこで、遺伝の影響だけを取り出してみた（図6-9）。芝、ダートとも一九七五年をゼロとして、遺伝的に走行タイムの変化を比較できるようにしてある。

これをみれば、芝、ダートとも右下がり（タイムが速くなる）傾向を示し、順調に改良が進んでいることがわかる。とくに、一九九〇年生まれあたりから下降の角度が強くなっている。これは優秀な種牡馬や繁殖牝馬を導入した結果と考えられる。また、図6-8ではダートのほうが最速と最低の差が大きかったが、遺伝的には芝のほうが改良の速度が進んでいることがわかり、約二〇年間で芝では〇・四五秒、ダートでは〇・三秒のタイムが改良されたことになる。

このように、科学的な手法を利用することによって、さらに改良のスピードが速まることが期待される。

<は行>

<ま行>

<や行>

<ら行>

<わ行>

<た行>

<な行>

さくいん

N.D.C.645.2　182p　18cm

ブルーバックス　B-1516

競走馬《きょうそうば》の科学《かがく》
速い馬とはこういう馬だ

2006年４月20日　第１刷発行
2024年11月12日　第10刷発行

編者　ＪＲＡ競走馬総合研究所《ジェイアールエーきょうそうばそうごうけんきゅうじょ》
発行者　篠木和久
発行所　株式会社講談社
〒112-8001 東京都文京区音羽2-12-21
電話　出版　03-5395-3524
販売　03-5395-5817
業務　03-5395-3615
印刷所　（本文表紙印刷）株式会社ＫＰＳプロダクツ
（カバー印刷）信毎書籍印刷株式会社
本文データ制作　講談社デジタル製作
製本所　株式会社ＫＰＳプロダクツ

ISBN4−06−257516−7

発刊のことば

科学をあなたのポケットに

二十世紀最大の特色は、それが科学時代であるということです。科学は日に日に進歩を続け、止まるところを知りません。ひと昔前の夢物語もどんどん現実化しており、今やわれわれの生活のすべてが、科学によってゆり動かされているといっても過言ではないでしょう。

そのような背景を考えれば、学者や学生はもちろん、産業人も、セールスマンも、ジャーナリストも、家庭の主婦も、みんなが科学を知らなければ、時代の流れに逆らうことになるでしょう。

ブルーバックス発刊の意義と必然性はそこにあります。このシリーズは、読む人に科学的に物を考える習慣と、科学的に物を見る目を養っていただくことを最大の目標にしています。そのためには、単に原理や法則の解説に終始するのではなくて、政治や経済など、社会科学や人文科学にも関連させて、広い視野から問題を追究していきます。科学はむずかしいという先入観を改める表現と構成、それも類書にないブルーバックスの特色であると信じます。

一九六三年九月

野間省一

35 計画の科学　加藤昭吉
733 紙ヒコーキで知る飛行の原理　小林昭夫
921 自分がわかる心理テスト　芦原 睦／桂 戴作＝監修
1063 自分がわかる心理テストPART2　芦原 睦＝監修
1073 へんな虫はすごい虫　安富和男
1084 図解 わかる電子回路　加藤 肇／見城尚志／高橋 久
1112 頭を鍛えるディベート入門　松本 茂
1234 子どもにウケる科学手品77　後藤道夫
1245 「分かりやすい表現」の技術　藤沢晃治
1273 もっと子どもにウケる科学手品77　後藤道夫
1284 理系志望のための高校生活ガイド　鍵本 聡
1307 理系の女の生き方ガイド　宇野賀津子／坂東昌子
1346 図解 ヘリコプター　鈴木英夫
1352 確率・統計であばくギャンブルのからくり　谷岡一郎
1353 算数パズル「出しっこ問題」傑作選　仲田紀夫
1364 理系のための英語論文執筆ガイド　原田豊太郎
1366 数学版 これを英語で言えますか?　E・ネルソン／保江邦夫＝監修
1368 論理パズル「出しっこ問題」傑作選　小野田博一
1387 「分かりやすい説明」の技術　藤沢晃治
1396 制御工学の考え方　木村英紀
1413 『ネイチャー』を英語で読みこなす　竹内 薫

1420 理系のための英語便利帳　倉島保美／榎本智子　黒木 博＝絵
1443 「分かりやすい文章」の技術　藤沢晃治
1478 「分かりやすい話し方」の技術　吉田たかよし
1493 計算力を強くする　鍵本 聡
1516 競走馬の科学　JRA競走馬総合研究所＝編
1520 図解 鉄道の科学　宮本昌幸
1536 計算力を強くするpart2　鍵本 聡
1552 「計画力」を強くする　加藤昭吉
1553 図解 つくる電子回路　加藤ただし
1573 手作りラジオ工作入門　西田和明
1596 理系のための人生設計ガイド　坪田一男
1623 「分かりやすい教え方」の技術　藤沢晃治
1629 計算力を強くする 完全ドリル　鍵本 聡
1630 伝承農法を活かす家庭菜園の科学　木嶋利男
1653 理系のための英語「キー構文」46　原田豊太郎
1660 図解 電車のメカニズム　宮本昌幸＝編著
1666 理系のための「即効!」卒業論文術　中田 亨
1671 理系のための研究生活ガイド 第2版　坪田一男
1676 図解 橋の科学　土木学会関西支部＝編　田中輝彦／渡邊英一 他
1688 武術「奥義」の科学　吉福康郎
1695 ジムに通う前に読む本　桜井静香

ブルーバックス　趣味・実用関係書（III）

ブルーバックス12㎝CD-ROM付

ブルーバックス　生物学関係書（I）

ブルーバックス　生物学関係書（Ⅱ）

1861 発展コラム式　中学理科の教科書　改訂版　生物・地球・宇宙編　石渡正志／滝川洋二＝編
1872 マンガ　生物学に強くなる　堂嶋大輔＝作／渡邊雄一郎＝監修
1874 もの忘れの脳科学　苧阪満里子
1875 カラー図解　アメリカ版　大学生物学の教科書　第4巻　進化生物学　D・サダヴァ他／石崎泰樹／斎藤成也＝監訳
1876 カラー図解　アメリカ版　大学生物学の教科書　第5巻　生態学　D・サダヴァ他／石崎泰樹／斎藤成也＝監訳
1889 社会脳からみた認知症　伊古田俊夫
1898 哺乳類誕生　乳の獲得と進化の謎　酒井仙吉
1902 巨大ウイルスと第4のドメイン　武村政春
1923 コミュ障　動物性を失った人類　正高信男
1929 心臓の力　柿沼由彦
1943 神経とシナプスの科学　杉　晴夫
1944 細胞の中の分子生物学　森　和俊
1945 芸術脳の科学　塚田　稔
1964 脳からみた自閉症　大隅典子
1990 カラー図解　進化の教科書　第1巻　進化の歴史　カール・ジンマー／ダグラス・J・エムレン／更科　功／石川牧子／国友良樹＝訳
1991 カラー図解　進化の教科書　第2巻　進化の理論　カール・ジンマー／ダグラス・J・エムレン／更科　功／石川牧子／国友良樹＝訳
1992 カラー図解　進化の教科書　第3巻　系統樹や生態から見た進化　カール・ジンマー／ダグラス・J・エムレン／更科　功／石川牧子／国友良樹＝訳
2010 生物はウイルスが進化させた　武村政春
2018 カラー図解　古生物たちのふしぎな世界　土屋　健／田中源吾＝協力
2034 DNAの98％は謎　小林武彦
2037 我々はなぜ我々だけなのか　川端裕人／海部陽介＝監修
2070 筋肉は本当にすごい　杉　晴夫
2088 植物たちの戦争　日本植物病理学会＝編著
2095 深海——極限の世界　藤倉克則・木村純一＝編著／海洋研究開発機構＝協力
2099 王家の遺伝子　石浦章一
2103 我々は生命を創れるのか　藤崎慎吾
2106 うんち学入門　増田隆一
2108 DNA鑑定　梅津和夫
2109 免疫の守護者　制御性T細胞とはなにか　坂口志文／塚崎朝子
2112 カラー図解　人体誕生　山科正平
2119 免疫力を強くする　宮坂昌之
2125 進化のからくり　千葉　聡
2136 生命はデジタルでできている　田口善弘
2146 ゲノム編集とはなにか　山本　卓
2154 細胞とはなんだろう　武村政春

ブルーバックス　生物学関係書（Ⅲ）

2156 新型コロナ　7つの謎　宮坂昌之
2159 「顔」の進化　馬場悠男
2163 カラー図解　アメリカ版　新・大学生物学の教科書　第1巻　細胞生物学　D・サダヴァ他　石崎泰樹・中村千春＝監訳　小松佳代子＝訳
2164 カラー図解　アメリカ版　新・大学生物学の教科書　第2巻　分子遺伝学　D・サダヴァ他　石崎泰樹・中村千春＝監訳　小松佳代子＝訳
2165 カラー図解　アメリカ版　新・大学生物学の教科書　第3巻　分子生物学　D・サダヴァ他　石崎泰樹・中村千春＝監訳　小松佳代子＝訳
2166 寿命遺伝子　森　望
2184 呼吸の科学　石田浩司
2186 図解　人類の進化　斎藤成也＝編・著　海部陽介　米田穣　隅山健太
2190 生命を守るしくみ　オートファジー　吉森　保
2197 日本人の「遺伝子」からみた病気になりにくい体質のつくりかた　奥田昌子

ブルーバックス　技術・工学関係書(I)

- 495 人間工学からの発想　小原二郎
- 911 電気とはなにか　室岡義広
- 1084 図解　わかる電子回路　加藤　肇／見城尚志／高橋　久
- 1128 原子爆弾　山田克哉
- 1236 図解　飛行機のメカニズム　柳生　一
- 1346 図解　ヘリコプター　鈴木英夫
- 1396 制御工学の考え方　木村英紀
- 1452 流れのふしぎ　石綿良三／根本光正＝著　日本機械学会＝編
- 1469 量子コンピュータ　竹内繁樹
- 1483 新しい物性物理　伊達宗行
- 1520 図解　鉄道の科学　宮本昌幸
- 1545 高校数学でわかる半導体の原理　竹内　淳
- 1553 図解　つくる電子回路　加藤ただし
- 1573 手作りラジオ工作入門　西田和明
- 1624 コンクリートなんでも小事典　土木学会関西支部＝編　井上　晋　他
- 1660 図解　電車のメカニズム　宮本昌幸＝編著
- 1676 図解　橋の科学　土木学会関西支部＝編　田中輝彦／渡邊英一　他
- 1696 ジェット・エンジンの仕組み　吉中　司
- 1717 図解　地下鉄の科学　川辺謙一
- 1797 古代日本の超技術　改訂新版　志村史夫
- 1817 東京鉄道遺産　小野田　滋

- 1845 古代世界の超技術　志村史夫
- 1866 暗号が通貨《カネ》になる「ビットコイン」のからくり　吉本佳生／西田宗千佳
- 1871 アンテナの仕組み　小暮裕明／小暮芳江
- 1879 火薬のはなし　松永猛裕
- 1887 小惑星探査機「はやぶさ２」の大挑戦　山根一眞
- 1909 飛行機事故はなぜなくならないのか　青木謙知
- 1938 門田先生の３Ｄプリンタ入門　門田和雄
- 1940 すごいぞ！　身のまわりの表面科学　日本表面科学会
- 1948 すごい家電　西田宗千佳
- 1950 実例で学ぶＲａｓｐｂｅｒｒｙ　Ｐｉ電子工作　金丸隆志
- 1959 図解　燃料電池自動車のメカニズム　川辺謙一
- 1963 交流のしくみ　森本雅之
- 1968 脳・心・人工知能　甘利俊一
- 1970 高校数学でわかる光とレンズ　竹内　淳
- 2001 人工知能はいかにして強くなるのか？　小野田博一
- 2017 人はどのように鉄を作ってきたか　永田和宏
- 2035 現代暗号入門　神永正博
- 2038 城の科学　萩原さちこ
- 2041 時計の科学　織田一朗
- 2052 カラー図解　Ｒａｓｐｂｅｒｒｙ　Ｐｉではじめる機械学習　金丸隆志

ブルーバックス　技術・工学関係書（II）

2056 新しい1キログラムの測り方　臼田　孝
2093 今日から使えるフーリエ変換　普及版　三谷政昭
2103 我々は生命を創れるのか　藤崎慎吾
2118 道具としての微分方程式　偏微分編　斎藤恭一
2142 ラズパイ4対応　カラー図解　最新Raspberry Piで学ぶ電子工作　金丸隆志
2144 5G　岡嶋裕史
2172 スペース・コロニー　宇宙で暮らす方法　東京理科大学スペース・コロニー研究センター＝編・著　向井千秋＝監修・著
2177 はじめての機械学習　田口善弘